# DONES DE GRACIA

# DONES DE GRACIA

*Una colección de encuentros
personales con la Virgen María*

LONE JENSEN

*Traducido por Martha Gil-Montero*

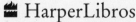
## HarperLibros
*Una rama de HarperPerennial*
*Una división de HarperCollinsPublishers*

Primera Edición HarperLibros, 1996

*Diseñado por Laura Lindgren*

ISBN 0-06-017418–8

96 97 98 99 00 ❖/RRD 10 9 8 7 6 5 4 3 2 1

*Dedicado con sentido agradecimiento a aquellos que generosamente compartieron conmigo sus experiencias y encuentros con la Virgen María. Ojalá que nuestras historias aseguren a todos los otros seres humanos que no están solos y que todos tenemos en verdad una Madre Divina.*

# ÍNDICE

*No estés perturbado ni apesadumbrado por la aflicción.*

*No temas la enfermedad o la contrariedad, la ansiedad o el dolor.*

*¿No estoy yo aquí? ¿No soy tu Madre?*

*¿No estás bajo mi sombra y protección?*

*¿No soy tu fuente de vida?*

*¿No estás envuelto en los pliegues de mi manto?*

*¿En mi abrazo cerrado?*

*¿Necesitas algo más?*

LA VIRGEN MARÍA
A JUAN DIEGO EN 1531

# INTRODUCCIÓN

$\mathcal{E}$ N todo el mundo existe hoy interés en la cualidad redentora de la espiritualidad. Este poderoso despertar se manifiesta de muchas maneras que van desde la seductora bondad de los ángeles y las revelaciones sobre la muerte y la experiencia de morir que hemos conocido a través de los casos de casi muerte o resurrección, hasta la popularidad de obras tales como *Un curso en milagros* y otras. Ha habido un resurgimiento del amor en nuestra sociedad, un volver a los poderes femeninos de la compasión, la solicitud y el sustento. ¿Quién mejor que la Virgen María puede conducirnos en este viaje de regreso a Dios?

La Virgen María es la encarnación de la maternidad. Sus apariciones a tantas personas de diferentes creencias han anunciado un tiempo de paz y esperanza, un retorno al amor de Dios. Mucho después de cumplir su papel terrenal como Madre de Cristo, la presencia de María continuó entre nosotros y en los dos últimos siglos todos los continentes han sido testigos de su regreso en forma de apariciones. Tal vez sea bueno mirar brevemente hacia atrás para comprender cómo hemos llegado a una época que está siendo bendecida por sus gracias.

Cuando el Arcángel Gabriel se le apareció a la Virgen y la proclamó la Doncella del Señor, la vida simple de una joven cambió para siempre. Ella pasó a ser parte integral de un acontecimiento épico que continúa desarrollándose aún hoy. Su papel casi no ha cambiado con el transcurso del tiempo, pero el manto que en un tiempo cubriera al Niño Dios, recubre ahora al mundo entero, envolviéndonos con su abrazo amoroso. Este amor que no mira ni raza, ni color, ni credo, convierte a María en la Madre Universal.

Existen más de cien relatos de apariciones terrenales de la Santísima Madre antes de 1900, la más famosa de las cuales es la acontecida en Lourdes, Francia. Allí, en 1858, una niña llamada Bernadette Soubirous recibió la visita de la Virgen María en una gruta que desde entonces es lugar de curaciones y despertares espirituales para miles de peregrinos de todo el mundo. Bernadette fue canonizada. La película *La canción de Bernadette* es un testamento moderno de los acontecimientos milagrosos que han tenido lugar allí en el transcurso del tiempo.

Casi tan bien conocidos como los anteriores, son los sucesos acaecidos en Fátima, Portugal. En la primavera de 1916, San Miguel, el Ángel de Paz, apareció tres veces ante tres niños para anunciarles que Nuestra Señora pronto los visitaría. La Virgen vino el 13 de mayo de 1917 y les pidió a los niños que se reunieran con ella cada día 13 de los meses siguientes, en un prado de las afueras del pueblo donde pastaban ovejas. Les prometió que si Rusia era consagrada a la Virgen, el mundo disfrutaría de un período de gran paz y armonía. Desafortunadamente, lo primero no sucedió y el mundo pronto sufrió dos monstruosas guerras mundiales.

María también prometió hacer un milagro a las doce del mediodía del 13 de octubre de 1917. Para cuando llegó octubre, la voz se había corrido por toda Europa y setenta mil personas se apretujaron en el prado a esperar el milagro. Una lluvia torrencial empapó la multitud, pero luego se produjo un gran fenómeno solar: el sol explotó como una bola de fuego y cayó sobre la tierra para luego de doce largos minutos retornar a su posición normal, habiendo secado instantaneamente el lodo del terreno y las ropas de los testigos. Luego apareció la Virgen. El relato del milagro es aún fuente de mucha especulación en círculos espirituales.

Yo no estuve entre quienes podrían haber oído hablar de Lourdes o Fátima, o cualquier otro milagro. Nací en Koge, una ciudad cercana a Copenhague, Dinamarca, en el seno de una familia que categóricamente negaba la existencia de cualquier cosa que estuviera más allá del reino físico o científico. No se trataba sólo de que no practicábamos ninguna forma de religión organizada, sino que simplemente no creíamos. No hablábamos de Dios. Nunca asistíamos a ninguna clase de acto de culto. Y, ciertamente, nunca rezábamos. Esta carencia de convicción espiritual no era el resultado de que fuéramos ferozmente intelectuales, académicos o científicos. Tampoco puedo decir que fuera simplemente por ser daneses, aunque Dinamarca no se destaca por su devoción espiritual. Mis padres, y los padres de mis padres antes que ellos, no creían en un poder superior.

Nuestra falta de devoción no me impidió tener una infancia feliz y nunca realmente sentí que me faltara nada. Cuando todavía era bastante joven, nos trasladamos a los Estados Unidos y debí enfrentar el aprendizaje de un nuevo idioma. Nuestra mudanza engendró una curiosidad hacia gente de mundos y creencias diferentes que resultó fundamental para el rumbo que tomó mi vida.

Mi maestro de tercer grado pasaba sus veranos en Kenya, enseñando a niños de edad escolar. De regreso, trajo con él el nombre de varios niños y, como parte de un proyecto escolar, nos pidió que mantuviéramos correspondencia con ellos. Yo elegí un varón e inicié con él una amistad que duraría doce años. Nuestra correspondencia tenía particular significado para mí, debido a que mi padre no había estado presente para mi nacimiento, pues se encontraba en Africa, trabajando como ejecutivo de una compañía que se ocupaba de la extracción de los ricos depósitos minerales de la costa de Angola. Mi corresponsal también fue una influencia clave en el desarrollo de mi interés por otras culturas extranjeras y sus lenguas.

Cuando llegué al séptimo grado, seguí un curso de introducción a lenguas extranjeras. Estudié alemán, castellano, ruso y, mi idioma favorito, francés. Fue el francés el que luego me llevó a vivir una experiencia que más tarde consideraría como un momento decisivo de mi vida.

A los quince años, junto con un puñado de estudiantes norteamericanos, fui aceptada como pupila en un internado pequeño, ubicado en los Alpes franceses. Viví en Evian-les-Bains, y con una amiga que compartía mi insaciable curiosidad, pasaba los fines de semana viajando en tren a los encantadores pueblos y ciudades franceses. Éramos muy aventureras y creíamos que todo era posible—lo que quedó ampliamente demostrado para mí en París.

Pasamos allí dos semanas de exploración y un día, a la hora del crepúsculo, me encontré frente a la catedral de Nuestra Señora de París. Es imposible describir la presencia magnífica de este edificio, especialmente en la penumbra. La iglesia es arquitectónicamente formidable y simplemente asombrosa. Desde el momento en que entré a través de los arcos del portal, mis sentidos vacilaron. Había velas blancas encendidas titilando en todas partes; un fuerte perfume a incienso permeaba el aire; la luz del crepúsculo se filtraba a través de las increíbles vidrieras de colores diseñando suaves arcos iridiscentes sobre la estructura de piedra. Lo que más me impresionó fueron las imágenes de la Virgen. Era tan bella y parecía estar mirándome con una ternura y compasión que yo no había experimentado nunca. Todo en ella, desde la inclinación suave de su cabeza hasta sus brazos extendidos, parecían decir: "Gracias por venir a verme ... te he estado esperando ... y te amo." El lugar estaba intensamente calmo, lleno de reverencia. Recuerdo haber pensado de repente, "Dios mío ¡esto es religiosidad!"

Debo decir que durante toda mi infancia siempre me sentí particularmente protegida y muy, muy afortunada. Era como si creyera que ningún daño podría alcanzarme. Sentía la fuerza de la gracia a mi alrededor. Simplemente pensaba que todos tenían este mismo sentimiento sin saber que su naturaleza era espiritual. Es por eso que yo me sentí tan abrumada en la catedral de Nuestra Señora. ¡Fue la primera vez en mi vida que percibí que ese sentimiento estaba relacionado con Dios! Y fue la primera vez que sentí que yo era en realidad una persona espiritual.

Después pasé mucho tiempo viajando por Europa y explorando castillos y catedrales medievales. Sentía curiosidad por saber cómo vivía entonces la gente y quería comprender qué tipo de fuerza los había inspirado a construir estas monumentales Casas de Dios. Este período de mi vida fue muy místico. Sin embargo, cuando regresé a los Estados Unidos, seguí mi rumbo.

Continué estudiando otras culturas y me especialicé en lenguas extranjeras en la universidad. Tomé cursos de francés, japonés y ruso, y disfrutaba particularmente buscando los parecidos entre las diferentes culturas. Mientras estudiaba en la universidad, acepté un puesto de aprendiz de *marketing* en una firma internacional de hospitalidad. Más tarde, la firma me contrató para trabajar a tiempo completo como escritora de textos para la prensa. La firma representaba propiedades de Tokio, Escocia y Australia y recién comenzaba a construir un pequeño hotel de lujo en Santa Fe, Nuevo México.

Vivir en Santa Fe es como retroceder en el tiempo. Es una tierra de grandes contrastes y el espíritu de las diversas comunidades es muy seductor, especialmente debido a que los indios norteamericanos y las personas de orígen hispano superan en número a los anglos. A pesar de que históricamente han vivido conflictos violentos, las comunidades de indios norteamericanos y de personas de origen hispánico comparten la devoción por María encarnada en la imagen de Nuestra Señora de Guadalupe. Ella está en todas partes en Santa Fe: pintada en las paredes de adobe, sonriendo desde carteles pegados a los paragolpes o sobre el tablero de instrumentos de los automóviles. Se la invoca, elogia y celebra en procesiones especiales y oficios religiosos durante todo el año. La más antigua capilla existente en los Estados Unidos es el Santuario de Guadalupe en Santa Fe.

Durante toda mi estada en esta ciudad tan especial, yo viví fascinada por la devoción que la gente sentía por esta madona, pero un incidente sobresale especialmente. Durante una cena pequeña a la que asistí, un patriarcal indio norteamericano mostró una fotografía que quería compartir con el resto de los presentes. Nos explicó que mientras conducía su vehículo entre Nuevo México y Colorado, escuchó una voz de mujer que lo llamaba. Se detuvo a la orilla del camino y luego caminó hasta el borde de un cañón que había sido un lugar sagrado para los indios de un pueblo durante cientos de años. El indio, quien se refería a María como la "Señora Azul," nos contó que mientras él se hallaba al borde del cañón, la Virgen se le apareció como una grandiosa y etérea visión que alcanzaba casi diez metros de altura. Estaba bañada por una luz azul y tenía sus manos juntas como si estuviera rezando. No nos quiso repetir lo que ella le dijo, pero nos contó que él le había pedido permiso para tomar su fotografía con una cámara fotográfica que llevaba en su automóvil. Ella asintió y esa imagen maravillosa era la fotografía que yo tuve en mis manos. También tenía una fotografía de la Virgen acunando en sus brazos al Niño Dios, la cual había sido tomada por una viuda de sesenta y ocho años de Queensland, Australia, en 1982, y una tercera imagen de la cara de María surgiendo entre las nubes.

Yo quedé asombrada ante esta confirmación tangible de la presencia de María en nuestro mundo. Comencé a repensar mi propia experiencia con María en la catedral de Nuestra Señora de París y me pregunté si yo no habría sido marcada por ella en ese lugar. Lentamente me di cuenta de que probablemente ella siempre había estado conmigo, concediéndome sus gracias y dándome ese sentimiento de protección que yo había sentido. Todo ello me inspiró a aprender más.

Descubrí que Nuestra Señora de Guadalupe apareció por primera vez ante un indio, Juan Diego, el 9 de diciembre de 1531, en un lugar llamado Sierra de Tepeyac. Juan Diego escuchó música y, lleno de curiosidad, ascendió a la sierra y encontró a una dama de gran belleza y resplandor. Ella lo saludó y le dijo: "Juanito, mi hijo, el más querido de mis hijos, yo soy tu Madre misericordiosa, la Madre de todos los que viven unidos en esta tierra y de toda la humanidad, de todos aquellos que me aman, de quienes me llaman, de quienes confían en mí." La Virgen apareció durante cuatro días consecutivos y le pidió a Juan Diego que intercediera para que el obispo construyera un templo para ella en la Sierra de Tepeyac. El obispo Zumárraga dudó del origen divino del pedido y exigió que la Señora le diera una señal para probar que su origen era realmente celestial.

Al tercer día, el tío de Juan se enfermó de cocolixtle, un mal temido y generalmente fatal. Juan trató de evitar ver a la Señora ese día, pretendiendo que estaba demasiado ocupado para hablar con ella. María lo encontró al otro lado de la sierra en momentos en que él corría y le preguntó por qué andaba con tanta prisa. Él le explicó que su tío se estaba muriendo, pero ella le aseguró que ya lo había curado. Luego la madona le ordenó que fuera a la cima de la Sierra de Tepeyac y juntara todas las flores que hubiera allí. Como era diciembre, Juan se sorprendió de encontrar un cantero de rosas de Castilla en flor en donde esperaba hallar sólo espinas y cactos. Usando su tilma como si fuera un delantal, Juan juntó las rosas y regresó a donde la Señora lo estaba esperando. Ella reacomodó las flores en la tilma y le pidió que fuera directamente a ver al obispo sin decirle a nadie lo que llevaba. Cuando finalmente se le concedió una audiencia con el obispo Zumárraga, Juan Diego abrió su manta y las flores se desparramaron. Para su sorpresa, la tilma milagrosamente mostraba la imagen de la Señora que Juan Diego había visto.

La tilma se conserva aún intacta en la Basílica de la Ciudad de México. Está hecha con fibras de ayate extraídas del cacto maguey, con las que se teje una tela rústica. Si tal tela no está pintada, puede durar normalmente veinte años, pero sólo séis años si ha sido pintada. Y, sin embargo, 464 años después, la imagen sigue allí. Es la única vez en la historia que María dejó una imagen de sí misma.

Los métodos científicos modernos han autenticado la naturaleza milagrosa de la imagen, y ninguna autoridad en materia de arte del mundo ha podido explicar por qué no muestra pinceladas o las rajaduras que son características de una pintura antigua. Hace cincuenta y nueve años, Richard Kuhn, un científico de Alemania quien ha sido galardonado con el premio Nobel, declaró que cuando las fibras de la tela fueron examinadas individualmente, no contenían pintura de ningún tipo. En otras palabras, los colores usados para crear la imagen no se derivan de tintura animal, vegetal o mineral conocida en el mundo.

Nuestra Señora de Guadalupe apareció ante un indio, pidió que se erigiera un lugar de veneración en tierra india, y habló en la lengua local de los indios. Se presentó a sí misma como una Reina India, el color verde azulado de su manto era exactamente el mismo que usaba la realeza azteca en esos tiempos. Siempre me ha fascinado la existencia de tal mezcla de símbolos aztecas y cristianos en la tilma, como si María estuviera tratando de unir las dos culturas y acabar con la lucha sangrienta que las había separado durante tantos años—un mensaje que, posteriormente, ella continuaría diseminando en otras tierras.

Existen tantos detalles inexplicables en la tilma milagrosa que se la debe reconocer como una obra de arte divino verdaderamente extraordinaria. Es como si María conociera nuestra necesidad de tener signos tangibles y nos hubiera dado esa manta como ejemplo perdurable de la realidad de su presencia entre nosotros.

En un pasado más reciente, María ha aparecido en una montaña pequeña de un pueblo llamado Garabandal. Como en la Sierra de Tepeyac y otros sitios donde hubo apariciones, Garabandal es un lugar tranquilo que no ha sido mayormente tocado por la vida moderna. Me resulta interesante que las apariciones de María aquí hayan coincidido con la crisis de los misiles en Cuba—un momento de gran confusión en el mundo y en medio de un cambio enorme.

Un ángel se presentó ante cuatro niñas de Garabandal en el atardecer del 18 de junio de 1961. Conchita Gonzáles, María Dolores Mazón, Jacinta Gonzáles y María Cruz Gonzáles tenían once y doce años. En conjunto recibieron ocho visitas del ángel en los siguientes doce días. El 12 de julio, María apareció ante las niñas acompañada por dos ángeles. Ésa fue la primera de más de dos mil apariciones que tuvieron lugar en Garabandal entre 1961 y 1965.

Las niñas siempre sabían cuando se les iba a aparecer María porque sentían lo que ellas llamaban tres alegrías: la primera era un sentimiento vago, luego venía una sensación más intensa y, finalmente, un fuerte llamado interior que las llevaba a encontrarse con María en cualquiera de los lugares donde se aparecía. Aunque cada una de las niñas venía de un lugar diferente del pueblo, siempre llegaban a verla exactamente al mismo tiempo.

Todas las niñas describían a María de la misma manera: contaban que su cabello de color castaño oscuro le llegaba hasta la cintura y que lo llevaba partido en el medio. Sus facciones eran delicadas, sus manos delgadas, y se llamaba a sí misma Nuestra Señora del Carmen. Aunque Nuestra Señora les hablaba con una voz proveniente del cielo, ellas decían que la Virgen quería que se dirigieran a ella como si fuera su madre terrenal. Quería saber todo lo que estaban pensando y sintiendo. Estas conversaciones a menudo estaban acompañadas por muchos fenómenos inexplicables que desafiaban la ley natural. Yo he visto filmaciones de las niñas levitando para acercarse y besar a su Madre espiritual. Ellas también fueron fotografiadas cayendo en trance con sus cuerpos en posiciones tiesas, como esculturas— y ni cuatro médicos pudieron hacerlas mover. Se las ha visto caminando hacia adelante y hacia atrás sobre un terreno rocoso peligroso con sus cabezas reclinadas hacia atrás y sus ojos fijos en el cielo. Antes de la aparición final, María le dijo a Conchita: "Yo no he venido solamente para la gente de Garabandal sino para la gente del mundo entero, para toda la humanidad." Este es uno de los mensajes que María les repite con creciente frecuencia a los niños del mundo.

Hay otros sitios de apariciones que me han conmovido profundamente. Uno es Betania en Venezuela, donde María Esperanza Bianchini, la madre de cinco niños, ha visto a la Virgen varias veces. Ella había venido viendo a María y a otros santos desde su infancia, pero el 25 de marzo de 1984, la Virgen María hizo visible su presencia a todos. Llamándose a sí misma la "Reconciliadora de Naciones y Pueblos," aparecía de repente y permanecía entre diez y quince minutos. Miles de personas han hecho peregrinaciones a Betania y muchos la han observado bañada en luz. La ven como un ser tridimensional, vestida de azul y, a menudo, huelen un fuerte perfume a rosas. María ha dicho que ha llegado la hora que la gente despierte espiritualmente y que estas apariciones de su Madre son un llamado a la reconciliación para todos los seres humanos.

Similarmente, el 30 de junio de 1985, María se le apareció a Julia Kim en Naju, Corea. Esta vez, ella se intituló "Mediadora de Todas las Naciones" y pidió que rezáramos y transformáramos nuestras luchas en gracias.

El 26 de abril de 1987—aniversario exacto hasta

en la hora misma en que se produjo el desastre de Chernobyl—María se apareció en Ucrania, esta vez prometiendo paz. Miles de personas vinieron desde los más remotos lugares de Rusia para verla. Gente de diferentes creencias y tradiciones se reunieron allí y tanto luteranos, como mahometanos y judíos la vieron. Tengo entendido que ella continúa bendiciendo a la gente del lugar haciéndose presente en campos abiertos y santuarios de toda Ucrania.

Los testigos y los países pueden cambiar, pero el mensaje de María sigue siendo el mismo: paz, oración y elevación de nuestros corazones hacia Dios. Nos insta a orar para que la paz de Dios descienda y nos envuelva a todos.

Existe información que han habido más de trescientas apariciones desde que comenzó el siglo XX, con un marcado incremento en la frecuencia de éstas a medida que nos aproximamos al tercer milenio. Italia, Brasil, Alemania, Bélgica, Holanda, Suecia, Suiza, Francia, Bolivia, Ecuador, Venezuela, Argentina, Costa Rica, Guatemala, Chile, Checoslovaquia, Turquía, Israel, Polonia, Egipto, Japón, Siria, Líbano, China, Corea, Kenya, India, la Ucrania Soviética y los Estados Unidos han sido todos anfitriones de la Divina Madre.

Tal vez el sitio mejor conocido hoy sea Medjugorje, una remota aldea de montaña en la provincia de Bosnia-Herzegovina. Desde el 24 de junio de 1981, María, intitulándose "Reina de Paz," ha venido apareciendo diariamente ante seis niños. Más de quince millones de personas han hecho su peregrinaje a esta pequeña aldea y muchos continúan aún viajando a ella. Se trata de la más prolongada y más publicitada serie de visitas continuas en el mundo. María le ha comunicado a uno de sus videntes, Vicka Ivankovich, que sus mensajes son para todos por igual, sin importar raza o religión. Le explicó que no era Dios quien separaba a la gente, ya que en el cielo no hay divisiones, sino que la gente misma creaba las divisiones.

María quiere que oremos por la paz universal. En uno de sus mensajes dice: "Mis queridos, muy queridos niños, el mundo se ha olvidado del valor de la plegaria y del ayuno. Con oración y ayuno se puede acabar con la guerra y suspender las leyes naturales." Este mensaje fue emitido precisamente en la misma región que luego iba a ser asolada por la guerra. María debe haber sabido lo que iba a acontecer allí y comenzó a instar a la gente a que rezara años antes de que el conflicto se desatara.

Un incidente similar ocurrió en Kibeho, Ruanda. Conocida como la "Madre de la Palabra," María comenzó a aparecerse ante siete jóvenes en noviembre de 1991; Anathalie Mukamazimpaka, Marie-Claire Mukangango, Stephanie Mukamurenzi, Agnes Kamagaju, Alphonsine Mumureke, Emmanuel Segastashya y Vestine Salima son los testigos que relataron que María, una vez más, llamaba nuestra atención respecto a la importancia de la oración como sendero de paz—años antes de que la región estallara en guerra civil.

Existe la creencia popular que, en su huída de la

persecución de Herodes, María y José pasaron por Zeitún, Egipto. Yo me pregunto si no es una coincidencia que María retornara a Zeitún justo antes de que se firmara el primer tratado de paz para el Medio Oriente. Se la vió el 2 de abril de 1968, encima de la iglesia copta de Santa María, moviéndose sobre las cúpulas. Venía con una frecuencia de dos o tres veces por semana y sus visitas duraban desde unos pocos minutos hasta ocho horas. Durante los dos años que se produjeron sus apariciones, las muchedumbres de personas de todas las razas, clases, ocupaciones y religiones que la vieron fueron aumentando hasta ser millones. Todos los presentes podían verla rodeada de una luz blanca luminosa o, a veces, de una multitud de colores. A menudo portaba una rama de olivo y bendecía a la gente que estaba a sus pies. Se sabe que se produjeron muchas curaciones milagrosas, pero nadie recibió ningún mensaje particular de la Virgen. Su presencia fue suficiente para tocar los corazones de los ortodoxos, católicos, protestantes, judíos y mahometanos que vinieron a visitarla.

Nostradamus, que significa "Nuestra Señora" en latín, fue uno de sus devotos. Es ciertamente posible que fuera la Virgen la que le concediera la facultad de adivinar el futuro como un medio para transmitir sus advertencias a la humanidad.

Con el correr del tiempo, los mensajes de María han ido de la predicción de destrucción y calamidad generalizada, tal cual lo anunciaba Nostradamus, a promesas de paz mundial, esperanza y amor. Hasta ella misma parece aparecerse de forma diferente. Antes vestía sólo el color azul que hemos aprendido a asociar con ella, pero ahora se la ve con ropas del rosa más pálido y con adornos dorados. El rosa es un color femenino, un color de amor, sustento y gentil compasión que refleja el nuevo énfasis de sus mensajes.

María siempre ha sido conocida como la Reina de los Ángeles y la reciente explosión del interés por estos seres de luz me llama la atención. Los ángeles siempre han venido para anunciar las apariciones de María y ellos a menudo la escoltan desde el cielo. Me pregunto si los ángeles no vienen nuevamente hoy para proclamar un reconocimiento generalizado de la Madre Divina. En estos tiempos necesitamos desesperadamente de su consejo amoroso. Ella viene a devolvernos un estado de alegría.

Yo tuve mi propia experiencia con un ángel en un lugar del estado de Colorado donde han habido apariciones. Llegué temprano al santuario de la Madre Cabrini y debí esperar una cuantas horas en el frío antes del momento en que la aparición tuviera lugar. Me estaba preguntando cómo iba a distraerme durante la espera, cuando sentí un calor súbito. Miré hacia arriba y ví una bola de luz verde pálido que flotaba tres o cuatro metros por encima mío. Tendría un metro de diámetro y se movía de una manera muy deliberada a medida que lentamente iba tomando la forma de un ángel. Me hizo acordar a una mariposa emergiendo del capullo, pues las alas se formaron primero y luego surgió el cuerpo. Yo creo que ví al Arcángel Gabriel. Aunque él no me dijo nada, su presencia, de hecho, anunció las manifestaciones de María en mi propia vida.

Poco tiempo después, con frecuencia, yo comencé a sentir a María junto a mí. Yo percibía un peculiar perfume a rosas cuando pensaba en ella—y también empecé a verla en mis sueños.

A medida que me internaba más y más en estudios espirituales, yo deseaba tener una carrera que sirviera de apoyo a mi vida espiritual. Sin saber exactamente qué rumbo tomaría mi vida, renuncié al trabajo que tenía en la firma.

En esa época yo había adquirido la costumbre de salir a caminar por las mañanas. Un día glorioso y bello, mientras andaba por una particular calle de tierra en Santa Fe, algo muy especial sucedió. El sol de Nuevo México bañaba la tierra con una luz dorada, amarillenta. Al llegar a una encrucijada del camino ví delante mío unas chispas que brillaban en el aire. Al acercarme a ellas, María se me apareció directamente frente a mí. Su cabello era de color castaño suave y su cara en forma de corazón era muy angélica. Estaba toda vestida de blanco, con un lazo de oro en su cintura y un adorno dorado en el ruedo de la túnica. Nunca habló, pero estrechó sus brazos hacia mí y entonces fue cuando con certidumbre supe que yo estaba siguiendo el rumbo acertado en mi vida. Ella me confirmó que yo estaba verdaderamente llamada a seguir un camino diferente y que ella estaría allí para guiarme.

En el lapso de unos pocos años fui conociendo

otra gente que compartía mi interés y afecto por María. Siempre me encontraba con ellos por casualidad, en librerías o restaurantes, en almacenes o esperando en fila en la oficina de correos. Las historias de los labores de María y sus bendiciones sobre el mundo realmente me conmovían. Mis amigos también adoraban escucharlas. Fue el reconocimiento de cómo gozábamos compartiendo estos encuentros marianos lo que me inspiró a escribir este libro.

Todo lo que he aprendido sobre María, y todo lo que he llegado a creer sobre el propósito de sus repetidos regresos a la tierra, está demostrado en las historias que van a leer.

María consuela toda la gama de experiencias humanas. Nos visita. Nos cura. Nos ayuda a crecer en nuestras relaciones. Nos da fortaleza frente a la muerte y promete la vida eterna a los moribundos. Sostiene nuestra fe, y nuestras vidas nunca serán las mismas luego que ella haya tocado nuestros corazones. Estas son las cinco partes del libro. Le estoy muy agradecida a María por haber traído a mi vida todas esas personas cuyas historias forman parte del libro. Realmente valoro que ellos hayan tenido el deseo de compartirlas. Cada uno de ellos me fue presentado, o vino a mí por haber oído de mí, y se mostró ansioso por hablar de sus experiencias con María. Yo creo que este libro ha sido posible porque ella quiere que nosotros veamos cómo nos puede ayudar.

Ella está aquí para toda la gente sin importar raza o religión. Está aquí para reconciliar nuestras diferencias y unirnos en nuestro retorno colectivo a Dios. Está aquí para tocar nuestros corazones y lograr que puedan abrirse al poder del amor.

Hace siglos, sólo unas pocas personas excelsas eran benditas por la Divina Madre. Los santos tenían encuentros con ella y quedaban asombrados por sus experiencias místicas, las que nos parecen tan distantes de nuestras vidas ordinarias.

María siempre estuvo con nosotros y quiere que sepamos que no hay necesidad que sea demasiado pequeña o demasiado grande para atraer su atención. Piensa en nosotros como si fuéramos sus hijos y quiere sanar nuestras heridas y derrotar nuestros miedos. Ha venido con un mensaje de paz y unidad. Nos promete devolvernos la integridad espiritual cuando abramos nuestros corazones a Dios a través de la oración. Ella es la encarnación del amor y la compasión, y un encuentro con la Virgen María no deja a nadie sin afectar.

Realmente, su presencia entre nosotros es un don de gracia.

LONE JENSEN
*Sparta, Nueva Jersey*

# APARICIONES

*Cual la luna llena, una doncella de catorce años surgió ante mi vista. Era excelsa en majestad sobre el tiempo y lo trascendía en orgullo y gloria. Sois un copón que contiene olores y perfume, sois un prado donde crecen hierbas y flores de primavera. La belleza alcanza en Ti su límite extremo: es imposible que haya otra como Tú.*

IBN RABI

A FINES de 1991, nuestro hijo Jimmy tenía cuatro años. Se trata de un niño muy especial tanto para Jim, mi marido, como para mí, pues tuvo un nacimiento prematuro difícil. Nació dos meses y medio antes de tiempo, con un peso de sólo dos libras y media. Sobrevivir en este mundo fue una verdadera lucha para él.

A principios de noviembre de ese año, yo tuve noticias de la existencia de una señora llamada Teresa López. Supuestamente, ella oía la voz de la Santísima Madre María cuando ésta se le aparecía todos los meses en el santuario de la Madre Cabrini, ubicado hacia el oeste y a poca distancia de Denver, Colorado. Cientos, a veces miles de personas, se congregaban allí cada mes para ver estas apariciones. Yo no estaba muy convencida de que la Santísima Madre pudiera ser vista, pero sentía curiosidad. La próxima vez que, presumiblemente, aparecería la Santísima Madre iba a ser el 10 de noviembre, así que decidí preguntarle a Jim si le gustaría que fuéramos al santuario luego de asistir a la misa de las once en nuestra iglesia de Colorado Springs. El estuvo de acuerdo y partimos con Jimmy.

Llegamos al santuario a las tres en punto y Jimmy se había dormido en el asiento de atrás. Íbamos a juntarnos con unos parientes, así que Jim y yo decidimos dejar que Jimmy durmiera hasta tanto los encontráramos. Mientras caminábamos por allí, una señora nos señaló a Teresa López, la vidente, y yo me acerqué para presentarme. Ella habló brevemente conmigo sobre la aparición de María que había visto ese mismo día, pero yo mantuve mi escepticismo. ¡Era tan difícil creer que alguien pudiera realmente hablar con la Santísima Madre!

Aunque nos habíamos perdido la aparición, no queríamos dejar de decir una plegaria en el santuario, así que regresamos al automóvil a despertar a Jimmy. Mientras subíamos los escalones empinados que conducen al Santuario Cabrini, Jimmy se divertía jugando con sus primos, sin prestar mucha atención a los adultos o a lo que estábamos haciendo. Cuando llegamos a la cúspide, todos reconocimos el montículo de tierra donde se decía que Teresa había visto a Nuestra Señora. Vimos que alguien había dejado una rosa sobre un arbusto seco que había cerca de allí. Rezamos nuestra oración. Luego cantamos y alguna gente que estaba cerca se nos unió en el cántico. Cuando terminamos, se hizo un absoluto silencio. Hasta los niños estaban callados. La gente meditaba o rezaba y yo me puse de rodillas para abrazar a mi hijo, pidiéndole a la Santísima Madre que orara por él. Cuando me puse de pie, Jimmy me tomó la mano y, como desde hacía poco usaba unas gafas bien gruesas, yo le dije: "Pídele a María que ayude a que se te curen los ojos, Jimmy."

Seguimos conversando y todos estábamos disfrutando de nuestra visita y del estar juntos cuando, de repente, Jimmy descendió hacia el cerco. Permaneció allí durante uno o dos minutos, con sus ojos elevados al cielo, y luego corrió hacia mí. Se aferró a una de mis piernas y me preguntó: "¿La puedes ver?" Yo estaba en medio de una conversación con mi mamá y él no hacía mas que interrumpirme, repitiendo: "¿La puedes ver?" Finalmente le pregunté "¿A quién debo ver?" "¡Es la Santísima Madre! ¿No la ves? ¡Está allí—brillando!"

Yo fui presa de la incredulidad. No sabía qué pensar. Le pedí que me describiera lo que estaba viendo. "Está cambiando de color," comenzó a decir, "pero es muy rosada. Tiene chispas sobre su cabeza y su cabello es color café. Y lleva una toalla sobre su cabeza. Está de pie sobre algo color café y hay estrellas bajo sus pies. Veo una cantidad de colores alrededor de ella—rosa, rojo, blanco, azul."

Le dije que si la Santísima Madre estaba realmente allí, debíamos decir una oración. Jimmy me tomó la mano y fuimos juntos hasta el cerco de cadenas. Dos de sus primos nos siguieron y todos nos arrodillamos al lado de Jimmy. Entonces yo dije: "Ayúdanos a ser buenos y seguir los pasos de tu Hijo, Jesucristo." No se trataba de una plegaria formal sino de palabras que salieron espontáneamente de mi corazón. Cuando terminé, Jimmy dijo: "¿La escuchaste?" "No," le contesté. "¿Qué te dijo?" "Dijo: 'Lo haré.'"

Yo me sentí abrumada. Había gente detrás de nosotros y yo podía ver que tenían los ojos llenos de lágrimas, pues ellos habían oído lo que Jimmy acababa de decir. Yo seguí realmente atónita aún después de que mis propias lágrimas empezaron a surgir. Este fue un momento muy especial para todos nosotros, pero más tarde, cuando parte de la emoción producida por la experiencia se hubo calmado, nos encontramos preguntándonos si no sería posible que Jimmy lo hubiera inventado todo. Más tarde, en un momento, él le dijo a mi hermana Annette que la Santísima Madre era parecida a su mamá. ¿Podría ser que todo fuera sólo la creación de una activa imaginación infantil?

He revisado en mi mente lo sucedido muchas, muchas veces, y realmente no pienso que él hubiera podido inventar una cosa así de improviso. Él había estado durmiendo en el automóvil cuando Teresa habló con nosotros, así que no pudo haber oído lo que ella dijo. Y durante la subida de la cuesta hasta el santuario, él estaba jugando con sus primos, caminado bien adelante nuestro, así que no estaba cerca de nadie que le pudiera haber contado cuál era la apariencia de María cuando se le apareció a Teresa.

Dos días más tarde, asistí a una asamblea de oración en Colorado Springs, a la cual asistió Teresa para describir lo que había visto cuando María se le apareció. "Estaba toda vestida de rosa, con un lazo dorado en la cintura," dijo. "Tenía una corona de oro con cientos de puntos dorados y estaba parada sobre un pedestal de luz." Yo comencé a llorar porque esa visión era exactamente la que había visto mi hijo. No tuve duda alguna. Se acabó mi escepticismo.

Una semana más tarde, un día miércoles en que se celebraba la festividad de San Francisco Javier Cabrini, regresamos al santuario. Jimmy y yo fuimos en automóvil desde Colorado Springs acompañados por mis padres y mis suegros. Jimmy iba sentado en el asiento delantero con mis padres. En el transcurso del viaje mi madre notó que tenía los ojos fijos en la ventanilla y sonreía. Cuando ella le preguntó qué estaba mirando y por qué sonreía, él le respondió que veía a la Santísima Madre. "Creo que me sigue," contestó. "Me sonríe."

Cuando llegamos al Santuario Cabrini, Jimmy todavía podía ver a Nuestra Señora y los colores. Yo le hacía todo tipo de preguntas, pero él sólo decía: "Mami, ya te lo dije. Veo lo mismo que la vez pasada." Y en ese momento hizo la cosa más dulce. Se sacó sus gafas y me dijo: "Póntelas. Tal vez la puedas ver."

No se ha producido el milagro de una mejora en la visión de mi hijo, pero él ciertamente "ve" mucho más que lo que yo o mi marido vemos. Jimmy ha visto y descrito "los colores" tres o cuatro veces y hasta los vió en nuestra casa. Siempre son los mismos colores: rosa, rojo, blanco y azul. Trata de saltar y tocarlos, pues para él son muy reales. Dice que los colores le traen felicidad, que Jesús los envía desde el cielo junto con su Madre y que se parecen a un arco iris. Hace un movimiento giratorio con las manos para describir cómo desaparecen. En sus palabras, los colores "crean como un dibujo y hacen un orificio y se van al cielo."

Esto no le acontece a Jimmy porque nosotros se lo roguemos u ordenemos cuando quiere algo. Generalmente, nos pide que su padre o yo nos acostemos con él en la cama hasta que se queda dormido, con la excusa de que "tiene pesadillas" o "no se siente bien." Pero cuando ve los colores, nos dice que eso lo hace sentir bien y feliz y que no tiene más miedo.

Pero no acontece a voluntad.

Un día me preguntó si yo sabía "la historia que vino de los colores de la montaña con todas las estrellas." Yo realmente no entendí lo que quería decir, pero sabía que mi hijo aún no había aprendido a leer. Me preguntó si sabía cómo había muerto Jesús. Yo quería que fuera él quien me contara, y él respondió: "Murió por nosotros para que un día podamos estar con Él en el cielo."

En más de una ocasión Jimmy se ha puesto a llorar diciendo que no quiere que nosotros nos vayamos al cielo todavía, que quiere que nos quedemos en casa con él. Hemos tratado de explicarle que no hay motivos para que él tenga miedo o se aflija de que ello vaya a suceder porque Dios cuida de nosotros. No estoy segura que lo hayamos convencido porque él habla de que nos vamos a ir al cielo pronto.

Los encuentros de Jimmy con la Santísima Madre no han cambiado nuestras vidas excepto en una forma fundamental e importante. Las experiencias de nuestro hijo han producido en la familia entera una profundización de la fe. Siempre habíamos creído en la importancia del poder de la oración, pero nuestro hijo nos ha ayudado a "ver" más claramente que antes. Espero que el haber compartido esta experiencia con otros los ayude a lograr lo mismo.

JIMMY, JIM Y MICHELLE LOBATO
*Colorado Springs, Colorado*

YO TENÍA sólo cinco años cuando tuve la primera experiencia mística de mi vida—sólo que entonces no sabía que sería la primera y no pensé que fuera mística sino terrorífica. Yo me estaba preparando para meterme en la cama, por la noche, cuando se me ocurrió mirar hacia la ventana. Recuerdo perfectamente que vi la silueta inequívoca de la Virgen María dibujándose en la ventana. Aunque la imagen permaneció sólo un minuto, y aunque no oí nada, lo que vi era algo bien definido y me dejó una impresión duradera. Supe que lo que había ocurrido era algo extremadamente raro algo que no sucedía todos los días. A esa edad, es horrible sentirse diferente, así que guardé el incidente en secreto y no se lo conté a nadie.

Cuando yo tenía alrededor de seis años y medio, Fidel Castro ascendió al poder en Cuba y decretó la prohibición de todo lo que fuera católico. Les ordenó a monjas y curas que se fueran de la isla, cerró todas las iglesias, conventos y escuelas parroquiales. Nosotros vivíamos cerca de una iglesia, un convento y una escuela. Un día empezaron a circular rumores que una de las monjas que había vivido y muerto en ese convento se aparecía en uno de sus balcones. A pesar de estar próximos, mi familia nunca la había visto; pero tantas personas habían sido testigos de sus apariciones que éstas se convirtieron en un acontecimiento casi ordinario. Durante meses, todas las noches, la gente se reunía en varios lugares de los alrededores del convento para observar si la monja hacía su aparición.

Mi abuelo y yo teníamos la costumbre de salir a caminar después de la cena. Dábamos una vuelta a la manzana todas las noches. Finalmente, una noche determinada vimos lo que el pueblo había venido observando. Levantamos nuestros ojos al igual que la gente que estaba a nuestro alrededor y allí, sobre la aguja del campanario—de pie, directamente sobre la cruz—vimos esta aparición blanca totalmente clara. No había color alguno—sólo una increíble imagen translúcida de la monja de pie, con sus manos juntas como si estuviera rezando. ¡Y luego comenzó a girar en un perfecto círculo de trescientos sesenta grados! ¡No daba sólo la impresión que estaba girando—se la veía dar vuelta realmente! A medida que pasaba el tiempo iba llegando más gente; pronto una decena de personas se convirtió en una multitud de varios cientos que veían esta clara visión dar vueltas sobre la cruz de nuestro convento.

Mi abuelo me hizo correr de vuelta a casa para contarle lo ocurrido al resto de la familia. Mi abuela, mi bisabuela y yo nos sentamos en el porche desde donde podíamos ver muy bien la aparición, ya que estábamos unas pocas casas de por medio. Comenzamos a rezar. Poco tiempo después, Magda, una prima que vivía a una distancia de más de un kilómetro, vino de visita. Estábamos dentro de la casa cuando, de repente, Magda gritó: "Marie Carmen ¡ven aquí! ¡Ven aquí rápido!"

Fui hacia la ventana donde estaba parada Magda y vi allí a la Virgen María suspendida en el aire. A diferencia de la monja, María se apareció en color. ¡Su altura era de menos de un metro y medio y poseía una belleza radiante que dejaba sin aliento! La mejor forma de describirla es con la palabra resplandeciente, porque los colores de su túnica multicolor relucían y de su halo salían rayos de sol. Sostenía un rosario, sus manos estaban enlazadas. Había tal dulzura y belleza en ella que era casi doloroso verla. Yo empecé a llorar desconsoladamente y lo mismo le sucedió a Magda. Llamamos a los mayores, pero ellos no pudieron verla.

Y luego la Virgen María se dirigió a mí. Su mensaje no fue verbal sino telepático, pero yo lo escuché tan claramente como si ella hubiera susurrado las palabras en mi oído. "Como me has visto, se esperará mucho de ti."

La aparición de la Virgen María de la cual mi prima y yo fuimos testigos duró casi media hora, luego desapareció, mientras que la aparición de la monja esa noche sobre la cruz del campanario siguió visible hasta el amanecer. Aunque mi familia se quedó despierta durante toda la noche observando a la monja, excepto Magda y yo, nadie vió a la Virgen María en la ventana de la casa.

Así como la experiencia que tuve a los cinco años me aterrorizó, esta otra, conmovedora como fue, me dejó bastante turbada. Me sentí como si fuera una extraña, como si no perteneciera allí y eso me confundió y me preocupó. Sin embargo, me sentí llamada por María, muy cerca de ella, de una manera que no podía explicarme satisfactoriamente.

Luego, cuando llegué a la pubertad y por bastante tiempo, me alejé del culto organizado y comencé a estudiar filosofía y el pensamiento oriental. A medida que fui creciendo y me casé, la Virgen María y mis experiencias de la infancia con ella fueron casi olvidadas—aunque ella nunca me olvidó.

Junto con mi marido, un italiano, visitamos Roma. Mi marido era de carácter muy violento y habíamos tenido muchos problemas en nuestro matrimonio. Yo le tenía mucho miedo. Una noche, mientras estaba acostada en la cama de un hotel, despierta, pensando lo que debería hacer, sucedió de nuevo. Allí, en un rincón de la pieza del hotel, vi una aparición de la Virgen María. Esta vez no fue en colores como cuando yo tenía seis años y medio. Esta vez fue como oir su mensaje telepático porque yo podía ver *dentro de mí*, sentir *a través de mí*—se trataba de una visión interior, mi alma que se abría y la recibía.

Ella me dijo que quería ayudarme a resolver mi situación porque sabía cuán profundamente preocupada estaba, pero que no podía hacerlo porque yo me había alejado de ella. Me ordenó comenzar a rezar el rosario y me aseguró que así yo volvería a estar cerca de ella otra vez. Yo no tenía idea cómo lo debía rezar, porque a pesar de haber sido educada como católica, nunca había rezado el rosario en toda mi vida adulta.

Aprendí, bien rápido, y tal cual ella me lo había dicho, me volvió a ayudar. Hubo cambios profundos en mi autoestima y mi confianza en mí misma, lo suficiente como para que yo, con el tiempo, dejara al hombre con quien estaba casada y a quien temía mortalmente. Una vez que di ese paso, estuve lista para seguir adelante con mi vida. Creé mi propio negocio editor y hasta escribí dos libros espirituales y dediqué ambos a María. Y he estado en Medjugorje. Cuando subí a ese monte, percibí su presencia con tanta fuerza que me sentí emocionalmente purificada, como si me hubieran concedido una tabla rasa para inscribir mi vida.

Tal vez nunca más vuelva a ver u oír a la Santísima Madre pero ella siempre va a estar en mi corazón dándome valor y fortaleza.

MARIE ATKINSON
*Edison, New Jersey*

DESDE QUE tengo memoria me he considerado a mí misma una persona devota, pero no creo haber comprendido realmente el verdadero significado de la Navidad hasta 1991. En realidad, fue un poco antes de tal fecha, el 16 de diciembre, para ser exacta. Ése es el día en que Dios me bendijo con un acontecimiento que me cambiaría para siempre, fortaleciendo mi fe y reponiendo mi espíritu—dones de la festividad navideña que duran la vida entera.

Temprano, esa mañana, yo creía estar dormida con ese sueño liviano—como medio soñando despierta y medio alerta—que se tiene justo antes de que suene el despertador. De repente me di cuenta que había alguien más en mi cuarto, una mujer. No sabía cómo había podido llegar allí y, curiosamente, su presencia no me produjo el menor temor. Estaba vestida con una túnica larga, color café, de un material común, con una capucha que le cubría la cabeza y la cara. A pesar de la capucha, tuve la impresión de que era muy vieja, una anciana.

Me senté en la cama preguntándome quién podría ser.

No dijo nada como respuesta a mi gesto. Yo seguía sin tener miedo. Casi sin darme cuenta de lo que estaba haciendo, me levanté de la cama y comencé a acercarme a ella al igual que las flores son atraídas hacia el calor y el brillo del sol.

Pronto estuvimos cara a cara y pude ver que me estaba sonriendo. Era la sonrisa más exquisita que yo hubiera visto jamás, tan llena de compasión y paz y comprensión que yo no pude menos que sentir que mi alma se henchía de belleza y serenidad.

Despacio, ella dejó caer la capucha y todo lo que me cupo hacer fue mirar con asombro cómo la anciana iba rejuveneciendo poco a poco, presentando una cara luminosa que parecía encendida desde adentro por el amor. Era increíblemente bella, y yo me di cuenta entonces que se trataba de la Virgen María. Simplemente me arrodillé a sus pies; estaba tan conmovida por su presencia que me pareció la cosa más natural hacerlo. Ella entonces elevó sus brazos hacia el cielo y expresó: "¡El amor de Dios por nosotros es muy grande!"

Tan pronto dijo estas palabras, una luz brillante me envolvió. Sentí la más inexplicable impresión de que un amor puro se derramaba sobre mí, colmán-

dome, haciéndome de alguna manera más bondadosa. A pesar de que mi fe hasta entonces había sido
muy fuerte, yo no tenía la menor idea, no podía dar
la más mínima explicación, de lo que estaba aconteciendo en mi habitación en ese amanecer, ni por qué
sucedía. Lo que sí supe fue que nunca en mi vida
había estado yo tan libre de miedo; había una
ausencia completa de una emoción que, bajo tales
circunstancias, hubiera sido bastante natural, pero
que no estaba allí para nada.

Ella desapareció tan silenciosa y gentilmente, e
inesperadamente, como había llegado. Yo comencé a
preguntarme qué había sucedido exactamente en mi
habitación. Pensé que, tal vez, fuera posible que yo
hubiera experimentado un sueño particularmente
potente e inusual que se pudiera tildar de místico.

Mientras me vestía con mi nuevo traje y me preocupaba por llevar a mi hija a la escuela y llegar a mi
trabajo, no me daba realmente cuenta que la experiencia se había quedado dentro mío. Sentía sí un
grado mayor de calma, lo que era bastante singular
en mí. Pero fuera de ello, todo seguía como siempre.

Bueno, tal vez no todo siguiera como siempre y
quizás ese sentimiento de calma fuera mucho más
fuerte de lo que yo pensaba, y quien sabe si ese
sueño místico no me tenía más preocupada de lo que
yo imaginaba. Esa misma mañana, mientras me
dirigía hacia mi trabajo, yo creía estar conduciendo
de la misma manera típicamente mía, cuidadosa y
defensiva, especialmente al llegar a un cruce importante, cerca de mi oficina, pero no fue así. Por

alguna razón, cometí un error cuando me movía de uno a otro carril. Para cuando ví el enorme camión azul aproximándoseme, no pude más que dar un viraje peligroso para evitar que me chocara y fui a estrellarme de frente contra un poste de teléfono.

Pasé más de cinco horas en la mesa de operaciones. Mi cuerpo estaba destruido pero eso no era nada comparado con mi cara. Mi nariz había quedado completamente aplastada. Tenía fracturas en mis pómulos y me había quebrado la mandíbula. ¡Todo iba a tener que ser reconstruido!

Pasé tres semanas recuperándome. Durante este tiempo debería haberme sentido histérica, preocupada por cómo iba a quedar mi cara. Asombrosamente, lo único que me tenía agitada todo el tiempo era entender cómo me había salvado de un horrible accidente que, por lo que había quedado del vehículo, debió haberme matado. Pero yo estaba viva y me estaba mejorando. ¿Por qué? ¿Por qué yo? Debía existir una razón.

*¿Por qué me había salvado?* Pasé horas y horas de introspección, pensando, haciendo preguntas, interrogándome sobre mi vida y los métodos misteriosos de Dios, hasta que recordé aquel extraño sueño místico que había tenido la misma mañana de mi accidente. Me acordé de la anciana que fue tornándose joven y bella. Volví a verme de rodillas delante de ella. ¡Y aquella impresionante luz! ¿Cómo podía yo olvidar jamás la sensación de paz y bondad y amor que emitía aquella luz?

Y así, finalmente, encontré la respuesta de por

qué me había salvado. La Santísima Madre me había visitado temprano esa mañana para darme su fuerza, su amor y la sabiduría de sus palabras. Eso fue lo que me ayudó a superar mi drama. Eso fue lo que me ayudó a sobrevivir.

Fue necesaria esa experiencia para que me diera cuenta que mi espiritualidad estaba en primer lugar en mi vida. Ella me guió para que lo comprendiera, y eso es lo que ella quiere que sepamos, que el amor es lo más importante que hay. El amor nos da paz interior, paz en la familia y paz en nuestro mundo. ¡Ésas son las cosas que Dios quiere para nosotros! María me salvó no sólo dándome el don de la vida sino, además, el don de la fe, que yo espero poder transmitirle a mi prójimo.

Se dice que a veces en la vida suceden accidentes. Pero, luego de lo que me aconteció temprano en aquella mañana del 16 de diciembre de 1991, yo no creo que los hechos de la vida sean accidentales.

MAUREEN COX
*Dallas, Tejas*

AUNQUE NO soy católica, fui a Medjugorje en 1989. Fui en una peregrinación con tres amigas, un sacerdote y tres monjas.

En Medjugorge estuvimos parando en la misma casa de una familia emparentada con Vicka, la vidente, lo que resultó muy interesante. Todos los días, se celebra la misa en la Iglesia de Santiago, en cuatro o cinco idiomas para conciliar las diferencias culturales de la gente que se congrega allí. Yo no me confesé, como lo hicieron otros, pero fui a hablar con un sacerdote, quien resultó ser mucho menos amplio de lo que yo hubiera esperado.

Yo creo firmemente que la Santísima Madre es una Madre cósmica, la Divina Madre de toda la humanidad. El sacerdote no podía entender esto y se negaba a aceptarla como un ser divino. Yo le expliqué que ella ayuda a todos los seres del planeta, no sólo a los católicos. Discutimos sobre filosofía y religión durante tres horas, pero él nunca pudo aceptar mis creencias. Cuando finalmente me retiré, el padre estaba insatisfecho por no haberme convertido y yo muy desilusionada por su limitada perspectiva.

Esa noche, en mi cuarto, yo estaba por contarle a dos de mis amigas la conversación que había tenido con el padre, cuando de repente mi corazón comenzó a palpitar y dije: "Siento que ya mismo vamos a recibir la visita de la Santísima Madre." Sugerí a mis amigas que, para aguardarla, nos sentáramos en posición de meditación. Mis amigas se mostraron muy entusiasmadas, y nos sentamos todas en la misma cama, a esperar la venida de la Divina Madre. Con ella vino una energía, un fulgor tan brillante, tan fuerte que no podíamos abrir los ojos.

Yo le recé a la Madre pidiéndole que me permitiera abrir los ojos y verla, y ella accedió. La vi flotando en el aire a más de medio metro del suelo y cerca del cielo raso porque no era muy alta. Su túnica era rosa, el color del amor divino que brilla en estos días en nuestro planeta, y su velo era de un blanco iridiscente. Lo primero que dijo fue que el sacerdote con quien yo había hablado esa tarde era su hijo y que yo debía tener paciencia con él. Luego trajo espiritualmente a la habitación a la vidente Vicka. La Santísima Madre habla con ella todos los días, contándole la historia de su vida y Vicka nos hace conocer ese relato a medida que la Santa Madre se lo indica. Me ordenó que escuchara todo lo que ella le contaba a Vicka y todo lo que le dirá. Entonces el espíritu de Vicka desapareció de la pieza.

La Divina Madre levantó su mano derecha como apuntándonos a mí y mis amigas y transmitió energía a nuestros corazones. Luego habló y el mensaje suyo para nosotras fue: "He venido a abrir vuestros corazones para que ellos reciban a toda la humanidad." En ese momento mis amigas y yo nos dábamos las manos apretadamente y nuestros cuerpos temblaban con el poder de su energía. Ella no hacía más que sonreir con gran comprensión y amor. Luego extendió sus brazos bien abiertos como para recibirnos. Más tarde dejó caer los brazos y se fue a través del cielo raso, desapareciendo.

Después de este encuentro, yo supe con certeza que estoy en lo cierto cuando creo que ella es cósmica y divina a la vez, una fuerza de gran amor que cobija en su seno a todos los tipos de fe, y nadie, nunca, debe pensar que no puede hacerle pedidos porque ella está aquí para todos nosotros.

MARÍA
*Los Ángeles, California*

YO NACÍ en los Estados Unidos, desciendo de padres de origen italiano y todo lo que puedo decir de mi vida hasta la fecha—y tengo más de cincuenta años—es que haber nacido en esa familia extraordinaria me equipó con todo lo necesario para enfrentar lo que la vida me tenía destinado.

Crecí en el seno de una familia de fuerte orientación religiosa, no tanto en el sentido que asistíamos regularmente a la iglesia, sino que teníamos una buena relación personal con Dios. Y ello comenzó cuando mi padre y mi madre eran jóvenes y vivían en Italia. Mi madre me contó que, cuando ella era una niña, miraba por la ventana de la casa paterna y claramente tenía visiones de ciertas porciones de su vida que aún no había vivido. Cuando esas etapas llegaban, ella sabía exactamente lo que iba a suceder y nunca sentía miedo. A su vez, mi padre recuerda un momento, cuando él tenía más o menos doce años. Me contó que un día él estaba caminando por la calle como lo hacía a menudo, pero que por alguna

razón desconocida, se sintió colmado por el sentimiento de saberse de alguna manera especial—
"soy un elegido," pensó. Y, justo en ese instante,
aparecieron en el cielo unas palomas blancas que
volaron sobre él, alrededor de él, y le hicieron comprender instintivamente que se trataba de una señal,
algo así como una promesa de que él había venido a
cumplir aquí un propósito especial. Yo pienso que él
creía que su propósito era pasar a otros la fortaleza
de su fe, lo que ambos, mi padre y mi madre, han
realizado.

Recuerdo que una vez, cuando yo tenía más o
menos nueve años, yo estaba junto con dos de mis
amigas del vecindario. Mirábamos la caída del sol, al
aire libre, y mi memoria de lo que ocurrió entonces
es hoy tan clara como si hubiera ocurrido ayer. Jesús
apareció en el cielo, seguido por el Sagrado
Corazón. A pesar de tener nueve años, no tuve duda
alguna, ni confusión respecto a lo que veía, debido a
la fe que mis padres me habían inculcado. Cuando la
visión se hubo disipado, me dirigí a mis amigas,
quienes me dijeron que ellas también lo habían visto.

Cuando tenía trece años, durante el invierno,
murió mi abuelo. Al llegar la primavera lo volví a
ver—en un sueño. Yo estaba en un lugar que se
parecía a un baño y que luego interpreté como que
se trataba de un lugar para purificarse espiritualmente. Mi abuelo estaba allí, de pie, y no me dijo
nada, lo que no es extraño porque en vida, como
sólo hablaba italiano y nada de inglés, nunca me
dirigía la palabra. En mi sueño, él señalaba hacia

arriba, hacia el cielo abierto, instándome a seguir con la mirada lo que su dedo apuntaba. Y cuando yo miré, la vi a ella, la Santísima Madre. El viento le agitaba el vestido y alrededor de su cabeza brillaban doce estrellas. Yo la sentí, sentí que lo que veía era real debido a la forma en que soplaba el viento alrededor nuestro y sacudía su hermoso manto azul.

Entonces mi abuelito dejó caer su mano, que estaba ahora cerrada, y extendiendo el brazo hacia mí, abrió el puño. ¡En él había la más exquisita medalla de oro con una imagen de la madona en un tono azul indescriptible! Puso la medalla en mi mano y apretó mis dedos encerrándola y, en sueños o no, yo *supe* que realmente tenía esta maravillosa medalla de la madona en mi mano. Cuando me desperté a la mañana siguiente, mis dedos estaban apretados con tanta fuerza que, cuando finalmente abrí mi puño, vi que habían dejado marcas sobre la palma.

A medida que fueron pasando los años—y en mi vida ocurrieron cosas que fueron difíciles y penosas—yo me interesé por estudiar las muchas religiones y tradiciones espirituales del mundo, deseosa de conocer otras aproximaciones místicas que dieran respuesta a las preguntas de la vida. Sucedió que mientras leía todo lo que podía sobre quiromancia, me enteré que, en las manos de algunas personas, entre la línea del amor y la línea del corazón, puede aparecer lo que se conoce como la cruz mística. A pesar de que leí esto muchos años después de mi sueño de los trece años, recién entonces pude entender lo que mi abuelito intentó decirme: que mi vida estaba bajo la protección de la Santísima Madre. ¡Y lo ha estado! Aunque haya pasado por muchas penas y privaciones, yo creo firmemente que he tenido y tendré siempre la santa protección de la Santísima Madre.

RoseAnn Rocopio
*Lake Hopatcong, New Jersey*

Rafael Blom es un croata que abandonó Yugoslavia antes de finalizar su conscripción militar, una exigencia que todos los varones debían cumplir.

En 1981, cuando todos esos acontecimientos maravillosos empezaron a tener lugar en Medjugorje, Rafael sintió que debía hacer algo por la Santísima Madre, quien diariamente aparecía en su propio país. No podía volver a su patria y verla en persona, así que convirtió su departamento de California en un lugar de oración, e hizo todo lo que pudo para alentar la devoción a la Santísima Madre y sembrar su mensaje. Hasta llegó a tener en su hogar una librería donde vendía libros espirituales y una cantidad de materiales religiosos. Además, tenía una gran pantalla de televisión para mostrarle a la gente sus videos sobre temas espirituales relacionados con la Virgen. Aunque su departamento era pequeño, abría sus puertas a cincuenta o sesenta personas a la vez para que asistieran a sus sesiones de oración grupal. Todos los que íbamos allí y conocíamos a Rafael lo extrañamos desde que se mudó a Tejas.

El sábado 24 de junio de 1989, Rafael hizo oficiar una misa especial para celebrar el octavo aniversario de las apariciones de la Santísima Madre en Medjugorje. Deben haber asistido cerca de setenta y cinco personas, y yo fui una de las primeras en recibir la comunión. Lo extraordinario fue que, a continuación, yo sentí dentro de mí la misma paz que había experimentado durante las peregrinaciones que había hecho a Medjugorje. Instantáneamente supe que Nuestra Señora estaba entre nosotros esa noche.

Mientras el resto recibía la hostia, yo me dirigí al balcón y miré hacia afuera, más absorbida por mis rezos que por lo que veía. Sin embargo, directamente en mi campo de visión desde ese tercer piso, parecía haber una abertura ovalada entre los árboles. Al principio no le presté mayor atención, pero cuando vi que algo se movía allí, me erguí fascinada y observé con cuidado. Yo ciertamente estaba viendo a Nuestra Señora en una aparición de talla un poco menor a la natural y rodeada de una luz blanca brillante. Llevaba una túnica larga blanca y tenía los brazos extendidos.

Muy pronto otras personas salieron al balcón diciendo que ellos también la podían ver. Algunos espontáneamente cantaron himnos de alabanza y alegría. Yo la miré con intensidad durante cerca de quince minutos, viéndola darse vuelta de un lado para el otro, gentilmente. Un niño de más o menos once años que estaba de pie a mi lado dijo que ella llevaba una corona sobre la cabeza y que estaba parada sobre una plataforma, entre los árboles, con sus brazos extendidos.

No recibí ningún mensaje específico de ella, ni escuché una voz interior y, por lo que sé, nadie oyó nada. Esa noche, la aparición de la Santísima Madre en Pasadena, California, fue similar a las visitas que hizo a Irlanda y Rusia, a donde llegó sólo para hacernos saber que ella está con nosotros. Una vez, ella le dijo a uno de los videntes que, si surgía la necesidad, ella iría de puerta en puerta para hacer que los niños volvieran a Dios. ¡Qué mejor Madre podemos tener que una tan llena de amor por nosotros, sus hijos!

Esa noche especial que duró desde el caer de la tarde hasta casi las once y media, fue extraordinaria, pero no se trataba de la primera vez que yo había sido bendecida por Nuestra Señora. He estado cuatro veces en Medjugorje. La primera vez coincidió con el trigésimo quinto aniversario de bodas de la pareja con la cual yo viajaba. Íbamos camino a la misa, rezándole a la Santísima Madre, cuando se me ocurrió mirar hacia la cima del Monte Krizevek. Allí, con toda claridad, vi una imagen de la Santísima Madre acunando a su niño, a Jesús. La figura estaba en una formación de nubes, a por lo menos doscientos pies de altura, pero era tan clara como si hubiera estado cerca de mí. Mis amigos siguieron mi mirada con sus ojos y también la vieron. Nos detuvimos allí y rezamos y observamos la figura durante más de cinco minutos y, a medida que comenzó a disiparse, una cruz tomó su lugar directamente sobre la enorme cruz erigida en el pico de la montaña. Esa imagen de la madona está grabada indeleblemente en mi memoria y es una de las muchas gracias especiales que Nuestra Señora me ha mandado.

Mi segundo viaje fue parte de una peregrinación para asistir a la Conferencia de Paz de Medjugorje y realmente cambió mi vida. Había venido gente de todas partes del globo dedicada a sembrar el mensaje de Nuestra Señora. El propósito del viaje era determinar cuál era la mejor manera de servirle a diseminar su palabra sin distorsionar o cambiar el mensaje. Teníamos citas para reunirnos con los propios videntes y con los padres franciscanos, quienes nos guiarían en nuestra misión.

Durante todo este viaje nos fueron concedidas muchas gracias, pero hay una que es particularmente memorable. Nos habían hecho el favor de invitarnos a estar presentes en el coro de la iglesia durante la aparición de Nuestra Señora. ¡Realmente no puedo describir lo que es estar de rodillas a poco más de tres metros del lugar donde posiblemente aparecería la Santísima Madre! ¡Yo estaba tan sobrecogida que no sabía qué hacer! La clase de pensamientos que se me cruzaban por la mente eran: "¿Debo mirar la pared donde ella va a aparecer? ¿Debo mirar a los videntes? ¡Por favor, que alguien me diga qué debo hacer!"

Y, entonces, esta voz suave dentro mío habló y me dijo: "¡Reza tontica! ¡Empieza a rezar!" ¡Por supuesto! Así que yo empecé a rezar el Ave María, penetrada por el más ferviente sentido de paz que yo hubiera experimentado jamás. Aunque yo no vi a la Santísima Madre, sí vi la luz dorada que descendía sobre el recinto en el momento en que ella se aparecía. ¡Más tarde nos dijeron que esa luz provenía de dos ángeles que la escoltaban desde el cielo!

Para ayudar a que su mensaje sea conocido, yo he escrito un panfleto que está destinado a ser usado por todo el mundo. Lo escribí para la gente joven a fin de inspirar fe en esa generación que tiene que enfrentar un mundo difícil. Yo soy abuela ya, y cuando miro a los padres jóvenes que tratan de criar sus hijos en la cercanía de Dios, para que sean gente buena, de buena moral, yo sé lo complicado que eso es y cuánta fe hace falta. Yo quiero que ellos sepan que Nuestra Señora puede ayudar. Ella es, primordialmente, la Santísima Madre y ¿a quién mejor podríamos pedir consejo respecto a nuestros hijos?

Ese segundo viaje a Medjugorje, para la peregrinación, cambió mi vida porque a mi regreso yo me dediqué más que nunca a estar al servicio de Nuestra Señora y la he servido enviando setenta y cinco mil de mis panfletos a todos los lugares del mundo, desde Islandia a Tahití, Nueva Guinea, Australia, todas partes. Hasta recibí en respuesta una carta de una mujer de Sri Lanka quien quiere distribuirlos allí.

La Santísima Madre está dedicada a hacer llegar

su mensaje a todos, y hace uso de hasta la más miserable de las almas. Yo siento que ayudarla a diseminar su palabra, ayudar a que los corazones se abran a su amor, ha sido mi vocación, pero que cualquiera puede colaborar para que ella comparta la gloria de Dios. Vale la pena, es en beneficio de nuestras generaciones futuras.

FLORA BALDWIN
*Garden Grove, California*

LA SANTÍSIMA Virgen María, la Reina de la Paz, se dice de ella que hizo su divina aparición en Pasadena, California, la noche del 24 de junio de 1989, ante quienes se habían reunido para celebrar el octavo aniversario de sus apariciones en Medjugorje.

La idea era compartir rezos y una misa. Mientras en el interior del departamento se celebraba tal oficio con piedad, dignidad y energía, desde el balcón una señora dió un grito, como si se hubiera sentido enferma de repente. El grito se repitió. Yo temí que alguien se hubiera lastimado y seguí el impulso de llegarme hasta el balcón, a través de la densa congregación que se apiñaba en el pequeño departamento, a fin de administrarle cualquier clase de primeros auxilios que fueran de mi competencia.

Pero la presión por espacio era mayúscula y la misa aún no había llegado a su sagrado fin.

Yo espié en dirección al balcón y ví que la gente miraba hacia afuera. ¡Alguien me dijo que algunos estaban viendo a la Santísima Madre entre los árboles! Con gran esfuerzo me abrí camino hacia el balcón y seguí la mirada de quienes oteaban hacia el exterior en un ángulo de diez grados hacia la derecha. Con mis ojos miopes escudriñé y observé un óvalo de luz entre las ramas de un grupo de árboles. Se trataba de un cono de luz alargado como si hubiera sido emitido por las nuevas lámparas de gas de gran intensidad que ahora han empezado a usarse mucho por razones de seguridad.

Una señora del grupo comenzó a dirigir mi atención visual, describiéndome con entonación de absoluta certidumbre que la Virgen María estaba de pie sobre un globo, sosteniendo un bebé en sus brazos. Otro miembro de la congregación, una señora filipina, se acercó y se ocupó de guiarme mejor en el discernimiento de lo divino. Su descripción era similar a la de la otra señora respecto a que la madona tenía el mismo velo y el bebé, pero la aparición no estaba de pie sobre un globo, sino sobre un pedestal de luz. Estas dos señoras, con toda honestidad, estaban diciéndome lo que veían realmente y eran muy generosas en compartir conmigo lo que yo, de otra manera, no hubiera visto con su alegría y gracia.

Mi esposa, Agustina, se me reunió en el balcón y también miró hacia afuera en un ángulo. Pronto ví en su cara la expresión de una persona presa de un estado de excitación y fe profunda, pero ella no dijo nada. Yo expresé el deseo de correr escaleras abajo para ver la imagen desde un punto de vista mas cercano, pero ella me desalentó con una advertencia del Señor. Me dijo: "No tentarás al Señor, tu Dios." Así, para mi consternación, me vi obligado a no tener por mí mismo la experiencia de la existencia de un milagro que se suponía estaba realizándose frente nuestro.

Las voces provenientes del oscuro balcón discutían la aparición, y quienes no la podían ver se hacían a un lado para dar lugar a los demás. Mi esposa y yo permanecimos junto a aquellos fascinados por la visita, y cuando hubo pasado un tiempo, noté para mi sorpresa que la gente que había quedado dentro del departamento comía, bebía y se divertía. Al mirar esta escena en la que se mezclaban la reverencia y la gula, no pude dejar de pensar cómo repercutiría en el corazón de Cristo el hecho de que algunos de los que estábamos reunidos ignorábamos a su Santísima Madre. Yo me armé de valor y comencé a cantar "Cuán grande eres".

Mis ojos seguían fijos en el óvalo de luz mientras cantaba las cuatro estrofas de la canción y creo con toda sinceridad que empecé a distinguir el velo de la aparición. Era difuso, sin embargo, y, por respeto a lo divino y las varias estaciones del cielo, me cuidé de admitir que era susceptible al poder de las sugestiones como todo hijo de Dios, y no me congratulé por ser ya un vidente perfecto.

Alguna gente dice que ellos vieron dos ángeles que acompañaban a la madona. Mi esposa dijo más tarde que ella había visto claramente dos figuras, más pequeñas que la Santísima Virgen, que permanecieron a sus pies. Yo vi con asombro como la figura se daba vuelta hacia la derecha. La visión de María, esposa terrenal de José y Madre de un hijo famoso, por una parte, visible a unos meros cincuenta metros de distancia y a unos pocos pies de altura, mezclada con el espectáculo de gente que comía y bebía, me hizo sentir que vivíamos en una era de locura y éramos parte de una generación disoluta.

Este informe, por ende, va a parecer teñido de escepticismo, pero quiero decir con claridad que estoy muy lejos de ello. Yo tengo siempre presente al señor tonto de Fátima que menospreciaba las "supersticiones" que mantenían a Portugal en su prisión de pobreza. Pero, él mismo, al ser testigo del milagro del sol que se avalanzó sobre las setenta mil personas allí reunidas el 13 de octubre de 1917, fue uno de los primeros en caer al suelo en confesión pública y penitente de su error. A los millones que lean estas líneas se les aconseja buenamente evitar el error de la vanidad, el orgullo sobrador y la falta de respeto por la Madre de Dios.

Quienes saben que vieron a la Santísima Virgen merecen el más alto respeto por tener a María tan presente en sus mentes. Ellos están listos, en cualquier momento, a contemplar un milagro, aún en medio de una era tecnológica y próspera. Con seguridad, ellos, a su vez, no serán olvidados por ella.

Una última observación respecto a aquella noche. Entre los celebrantes se encontraba una mujer de quien se decía que era vidente y receptora de mensajes interiores. Yo no me di cuenta que ella estaba presente hasta el momento de la aparición de Nuestra Santísima Virgen. Aparentemente, la señora había estado cercada por la masa de gente que sólo puede ser descripta como una verdadera selva de cuerpos. Luego, cuando resonó el primero de los gritos anunciando la venida de María, una fuerza la empujó a través de la multitud. El poder de esa fuerza me hizo acordar a cómo los niños de Medjugorje podían escalar la totalidad del monte de las apariciones antes que los otros pobladores, quienes los veían elevarse como si fueran caminando por el aire para encontrarse con la Santísima Virgen. Y si nosotros nos imaginamos el monte del Sinaí donde está el monasterio de Santa Catalina, podemos conjeturar que se trataba de esta misma fuerza de intercesión divina la que llevaba a Moisés en su ascenso por ese tajo desnudo e inhóspito. "Los ángeles te llevarán a las alturas a menos que tú sostengas tu pie contra una roca," dicen las escrituras.

Con tal exaltada estatura, las criaturas celestiales demuestran su desprecio por la ley natural. Ellas se someten sólo a un sistema más elevado que permanece mayormente oculto a los ojos terrenales. No obstante, se trata del mismo orden de donde proviene la Santísima Virgen María, y yo apoyo ese universo con mi fe contínua y un corazón abierto.

ROBERT SUPIN
*San Fernando, California*

EN LA noche del 24 de junio de 1989, mi mujer y yo, con cuatro de nuestros amigos, fuimos al departamento de Rafael Blom en Pasadena para celebrar el octavo aniversario de las apariciones en Medjugorje y celebrar luego con una cena a la que todos contribuimos un plato.

Llegamos cerca de las siete. En poco tiempo el departamento estaba bien lleno. Yo diría que habría unas cincuenta personas dentro y otras treinta en el balcón dónde mi mujer y yo habíamos encontrado un par de sillas disponibles en una mesa.

La misa, que duró casi dos horas—rezamos todas las quince estaciones del rosario—fue celebrada por el padre Stacey. Cuando estaba a punto de finalizar, la gente que se hallaba en el lado derecho del balcón empezó a mostrarse agitada. Alguien se inclinó para ver y me informó que la Santísima Madre estaba afuera, en los árboles. Yo me levanté para acercarme a esa parte del balcón y caminé despacio abriéndome camino a través de la muchedumbre.

Fue en ese momento que vi la bellísima imagen blanca parada como una estatua, sólo que brillante de fulgor. La forma de la imagen era similar a la de Nuestra Señora que apareció en Lourdes. No era de tamaño humano, sino más pequeña, y estaba suspendida sobre las ramas de los árboles que crecían frente al edificio de departamentos. Yo no lo podía creer, pero allí estaba, delante de nuestros ojos.

Para entonces, quienes estaban en el balcón se habían movido hacia el lado derecho para tener una mejor visión, y quienes habían estado adentro trataban de salir. Mi mujer y yo nos sentimos bendecidos por haber sido capaces de verla y comenzamos a abrirnos paso hacia el interior para evitar problemas de amontonamiento. Justo antes de entrar, yo me di vuelta para darle una última y prolongada mirada a la figura luminosa vestida de blanco. La vi moverse y, en ese instante, sin duda alguna en mi mente o en mi corazón, yo supe que Nuestra Madre estaba entre nosotros.

Luego grité con una voz clara y fuerte: "¡Se está moviendo!" Yo comprendí que la Bendita Virgen María con su movimiento nos estaba diciendo: "Estoy aquí, no soy una fantasía."

Milagrosamente no hubo ningún momento de pánico, aunque una señora lloró desconsoladamente. El resto del grupo se mantuvo bastante calmo durante toda la visita. La figura se desvaneció cuando ya era tarde, dejándonos para toda la vida con el convencimiento que cada uno de nosotros había recibido el gran don de su bendición.

ERNESTO LAGUETTE
*Fullerton, California*

Yo FUI realmente devota de la Virgen María desde una temprana edad. Por ejemplo, a la hora del recreo, en lugar de ir afuera a jugar, yo permanecía en la iglesia de nuestra escuela católica, encendiendo cirios y rezando. Yo me sentía tan intensamente cerca de ella que, cuando sucedió algo al promediar mi segundo grado, nunca pude decidir si era un sueño o realidad.

Mi familia vivía al lado de un patio de escuela con un campo de béisbol grande. Detrás de esa cancha había un bosque y un cerco alto de alambre para marcar la propiedad de la escuela. Yo me encontraba parada en el medio de la cancha de béisbol, a poca distancia del monte del botador, cuando algo comezó a acercárseme. Se trataba de una figura horriblemente aterradora que yo por entonces pensaba no podía ser otro que Satán, pero que, ahora que lo pienso mejor, se parecía más al Alegre Gigante Verde del cuento. Recientemente me he enterado que este ser es conocido en toda Europa como el Hombre Verde y que en el transcurso de la historia ha habido referencias y apariciones de esta figura del Padre de la Tierra.

Corrió hacia mí con agresividad, y cuando extendió la mano para tocarme, yo quedé paralizada por el terror. Quería moverme, quería correr y alejarme de él, pero no podía. Sentí que no tenía salida, ningún lugar a donde ir. Entonces fue cuando miré hacia el cielo y allí vi a la Virgen María que descendía en medio de esta luz blanca y oro muy radiante. Me desperté, y allí estaba ella en mi pieza, exactamente como la había visto en mi sueño — si de eso se trató. Ella estaba inclinada sobre mi cama, rodeada por ese brillo radiante. Yo lloraba, pero no porque tuviera miedo esta vez. Era tan sorprendente poder verla allí, delante mío.

Al día siguiente, en la escuela, le conté a una de mis maestras, la hermana María, lo que había sucedido. Ella tampoco supo si mi experiencia había sido real o un sueño, pero me aseguró de que no había nada de qué tener miedo. Me dió mucho apoyo y amor, y el incidente profundizó aún más mi amor por la Virgen María.

Un año antes de que esto aconteciera, yo gané un concurso de lectura de libros organizado por las monjas. Yo había leído la mayor cantidad de libros dentro de un tiempo determinado y mi mejor amiga logró el tercer lugar. Técnicamente me correspondía a mí elegir el primer premio, pero mi amiga tenía una personalidad muy persuasiva. Me prometió que si yo le dejaba tener la hermosa estatua Carmelita de la Virgen María que yo quería, ella me iba a permitir ir a su piscina todos los días. Ella se quedó con la estatua de la Virgen María y yo elegí una estatua de Santa Ana que realmente no me gustaba ¡y nunca fui invitada a la piscina de mi amiga!

Nos mantuvimos cerca la una de la otra, sin embargo, y veinte años después le pregunté si ella recordaba el concurso y la estatua. No se acordaba, pero alrededor de la fecha de mi casamiento, ella buscó la estatua en su desván, la encontró y me la mandó de regalo.

En la escuela media, yo me alejé de la iglesia, me aparté del catolicismo y de todo lo relacionado con él, la Virgen María incluida, y en su lugar comencé a estudiar religiones orientales. Así seguí hasta hace poco.

En diciembre de 1994, me sucedieron una serie de acontecimientos personales que me dejaron traumatizada y sintiéndome alienada. Con desesperación necesitaba tener una guía, y una amiga me recomendó una médium. No sabía qué podía esperar de ella, pero estaba tan desesperada que la llamé y ella accedió venir a mi casa para tratar de ayudarme.

Cuando llegó, la primera cosa que noté era que llevaba aretes de madera pintados con una imagen que se parecía a la Virgen María. Y una de las primeras preguntas que me hizo fue: "¿Qué sientes por la Virgen María?" Luego dijo: "Tengo que ser honesta contigo. Esta mañana me puse a meditar para ver cómo podía ayudarte y lo primero que se me ocurrió era que tenía que decirte que la Virgen María está lista a protegerte. Ella quiere que sepas que está aquí para ti."

Me sorprendí porque hacía mucho tiempo que yo

había abandonado a la Santísima Madre. Entonces le conté a la médium mi experiencia infantil y cómo me había alejado de María más tarde. La señora sacó de su bolsa una estampita con la imagen de la Virgen María que ella había encontrado en una librería años antes y que había estado guardando todo este tiempo. En ella, la Virgen tenía cabellos claros y ojos azules, una forma clásica de pintar a la madona—¡pero acontece que yo tengo cabellos claros y ojos azules! La médium había recibido esa mañana, durante su meditación, el mensaje de entregarme esa estampita sagrada.

En las semanas que siguieron, comencé a darme cuenta de que la Virgen María había estado conmigo todo ese tiempo durante el cual yo había creído estar alejada de ella. La estatua que volvió a mí luego de tantos años es un ejemplo. Yo tenía imágenes e iconos traídos de Rusia sobre mi escritorio y en mi casa. Nunca había prestado atención a la presencia de estos símbolos que indicaban que yo me sentía aún cerca de María. Entonces, cuando me di cuenta, estuve muy agradecida que ella me hubiera protegido cuando yo creía estar sola, y estuve agradecida también que yo pudiera una vez más recibirla en mi vida.

CYNTHIA LAZAROFF
*Pacific Palisades, California*

Lo QUE me ocurrió a mí y a mi esposa cambió nuestras vidas. Hemos sido bendecidos por una forma de gracia y yo quisiera compartir con todos lo que realmente sucedió.

Fue el 5 de marzo, alrededor de las siete y media de la noche. Yo estaba mirando un partido de baloncesto en la televisión cuando sentí la presencia de alguien a mi lado, lo que me puso nervioso, pues mi mujer e hijos habían salido. El sentimiento fue tan fuerte que me levanté y eché una mirada alrededor de la casa, y fue entonces cuando el espejo de mi dormitorio me llamó la atención ¡pues en él se reflejaba una imagen de la Santísima Madre!

Rápidamente percibí que la imagen venía realmente de las persianas que estaban detrás mío, y que ésta era muy etérea, sólo un esbozo, pero sin lugar a dudas la Santísima Madre. Tendría un metro y medio de altura y podía distinguir sus rasgos faciales, hasta sus manos y dedos de tan clara que era la imagen. No podía creer lo que veía y ¡cómo latía mi corazón con tanta dicha!

Me le aproximé lentamente y me pasé dos horas hablándole y rezando con ella. ¡Fue la experiencia más extraordinaria de mi vida! Cuando mi mujer regresó a casa a las nueve y media, la llamé para que viniera rápido a nuestro dormitorio. No dije nada. No había necesidad. En el momento de entrar, ella gritó: "¡Es ella! ¡Es ella realmente!" Junto con nuestros hijos, permanecimos allí y le rezamos a la Santísima Madre hasta la una de la madrugada, agradeciéndole por habernos concedido el don de su visita.

Al día siguiente, compartimos nuestra experiencia contándosela a unos cuantos amigos, quienes vinieron a ver donde la Santa Virgen había estado. Queríamos ser generosos con lo que nos había sido concedido, así que los recibimos a todos. Para nuestro asombro y agradecimiento eterno, la Santísima Madre regresó la noche siguiente a la misma hora, y así otros pudieron ver y sentir su presencia amorosa.

¡Y la Santísima Madre continuó visitando nuestro hogar durante ochenta y siete días milagrosos!

Por supuesto que se corrió la voz, y mi esposa y yo tratamos de hacer la cuenta de cuánta gente venía a verla. Sabemos que fueron alrededor de ocho mil seiscientas personas ¡y que a veces venían hasta quinientas por día! Algunos regresaron más de una vez, con la esperanza de ser curados. La Santísima Madre tampoco se les aparecía sólo a los videntes. Nosotros la podíamos ver claramente cuando se movía y cambiaba de frente; vimos un perfil de Jesús observando a su Madre; también nos fue dada una imagen de ella como Reina de la Paz.

Cuando los medios de comunicación se enteraron, por supuesto quisieron probar que todo era falso y dijeron que la imagen era proyectada desde alguna parte, o que una luz artificial estaba siendo reflejada sobre una estatua. A ellos también los invitamos a venir, pero no encontraron nada que apoyara sus afirmaciones. Y sucedieron otros incidentes que probaron cuán especiales fueron estos ochenta y siete días para todo el mundo.

En un momento, durante la visita de la Virgen,

aparecieron tres palomas blancas sobre nuestra casa. Luego, durante tres noches, una estrella enorme pudo ser vista sobre nuestro hogar. Personas que no tenían trabajo y habían estado buscándolo durante mucho tiempo, lo encontraron. Y el más especial de los dones que ella nos concedió fue la cura que proviene de nuestro interior.

Mi mujer, mis hijos y yo mismo ahora dedicamos más tiempo a nuestra vida espiritual. Continuamos percibiendo algunas cosas desde dentro y sabemos que ella está siempre con nosotros, protegiéndonos y bendiciéndonos. A mi vez, yo trato de hablar en las iglesias y ante grupos religiosos con toda la frecuencia posible, para contarle a la gente sobre nuestros ochenta y siete días de gracia a fin de que otros sepan que la Santísima Madre puede aparecerse ante cualquiera.

FREDDIE GALAZ
*Las Cruces, Nuevo México*

YO DESCIENDO de cuatro generaciones de videntes escoceses, aunque nací en México, donde han vivido tres generaciones de mi familia. Siempre hemos tenido una relación con el espíritu en forma de diálogo activo, conversaciones. Personalmente, yo he tenido treinta años de experiencias y encuentros, principalmente con ángeles y espíritus buenos de la mitología hindú. Nunca he comenzado una sesión o meditación sin antes pedir permiso a la Madre Espiritual porque creo con todo mi corazón que ella es la mujer para quien estoy destinado a trabajar en esta tierra.

Soy Guadalupano, y el año pasado la Virgen me bendijo con una visita. Durante muchos, muchos años, yo había sabido intuitivamente que ella estaba presente en mí, pero verla por fin fue, yo creo, un don que ella me concedió porque mi fe se mantuvo firme.

Mi primera experiencia parasicológica ocurrió cuando yo tenía ocho años. Tuvo que ver con el espíritu femenino conocido en México como la Llorona. Existe sobre ella un mito que da cuenta que la Llorona ahogó sus dos hijos en un río—y por ello las madres mexicanas siempre les dicen a sus hijos que "la Llorona se los va a llevar si no son buenos." Cuando yo la vi, todos los chiquillos que estaban conmigo se fueron de la habitación corriendo aterrorizados, pero yo me quedé y la observé cómo pasaba flotando. Llevaba una falda y un rebozo alrededor del cuerpo y andaba como a la deriva a pocos pies del suelo, sin tener piernas. Simplemente ondulaba en el aire. Luego de esto quedé convencido que la Llorona era prodigiosa y que, ciertamente, no producía miedo.

Con el tiempo, a medida que crecí y estudié y me dediqué más a mi parte espiritual y a mi cualidad heredada de vidente, llegué a entender que la Llorona era la Madre de dos civilizaciones que sufrieron a lo largo de una invasión y cambio. La religión india había sido destruida y la religión católica, en sus etapas tempranas, no era fuertemente mariana. Tomó tiempo para que la devoción a la Virgen se extendiera y yo creo que la Llorona gime para lograr que ambas civilaciones sanen, flotando de una cultura a la otra en una peregrinación que busca curar.

Hay, en efecto, un precedente histórico detrás de este mito: cuando el conquistador Hernán Cortés vino a México, se encontró a una joven princesa azteca cuya madre la había vendido como esclava a un rey maya. Ella hablaba las lenguas maya y azteca; había también un español que hablaba maya y castellano y, juntos, ambos sirvieron de traductores a Cortés durante su invasión a México. Hoy, los mexicanos llaman a esta princesa la Chingada, y usan una expresión vulgar derivada de este nombre que significa algo muy malo—pero yo veo las cosas de manera diferente. He aquí una mujer joven que había sido vendida, no sólo por su propia gente, sino por su propia familia y, cuando los hombres de cabellos claros vinieron hablando de su Dios único, de su Príncipe de Paz, ella los siguió como un acto de liberación. Los mexicanos tienen mala opinión de la Chingada, de la misma forma que le temen a la Llorona, pero yo veo que las dos mujeres no han sido bien comprendidas.

Es interesante que la Virgen de Guadalupe se le haya aparecido a un indio y que le hablara en su propio idioma. La conciencia colectiva de los indios estaba siendo subyugada por una sociedad indo-aria y aquí viene esta mujer trayendo cura a sus hijos de dos culturas violentamente divididas. Por eso es que yo veo una conexión entre la Llorona y María, con la Llorona hasta cierto punto anunciando lo que María iba a traer años después.

Yo he sido Guadalupano durante muchos años y he hecho el peregrinaje de más de cien kilómetros entre Puebla y la Ciudad de México. Se trata de una peregrinación en grupo, de intensa búsqueda espiritual. Se establece la visión, se planea el viaje y entre el punto de partida y el de llegada, un santuario en la cima de un monte, está la búsqueda. Este viaje se ha convertido en un rito para hacer la presentación de un individuo a la Virgen. Muchos indios, y los católicos también, creen que el sufrimiento a lo largo del difícil viaje es una transmutación del pecado tanto a nivel individual como de la comunidad. Después de la Revolución Industrial, se produjo una hiperindividualización que ha dejado a la gente con el sentimiento de estar aislada y sola. Pero durante esta búsqueda, yo a menudo lloré al ver el sentido comunitario. En esa época yo era un adolescente y un guerrero que podía proteger a sus mayores y también ayudar a cargar a los menores porque tenía la fortaleza para hacerlo. Yo fui aceptado para cumplir todos esos roles para la comunidad a pesar de ser muy diferente a ellos. Yo medía más de medio metro más que cualquiera de ellos, para no mencionar mi piel y cabellos claros. ¡Y no era católico!

Todavía se realizan las peregrinaciones y aquí en Nuevo México las mujeres caminan los muchos kilómetros entre Ojo Caliente y el Santuario de Chimayo, llevando el estandarte de la Virgen. Varios de mis amigos norteamericanos, no católicos, han sido aceptados para también participar en estas caminatas.

Vivimos en una cultura de gratificación instantánea, en la cual hay poca paciencia para hacer esa peregrinación, el viaje, la búsqueda que le sigue. Nos gusta que las revelaciones vengan sin lograr el verdadero crecimiento espiritual que tiene lugar a raíz de cada sendero que tomamos en la vida. Yo creo, por lo tanto, que mi propio encuentro con la Virgen fue una recompensa por no haber vacilado nunca en mi fe. Fue la confirmación de una lección celta, que dice que uno tiene que estar constantemente consciente de que vemos espiritualmente con nuestros corazones, no con nuestros ojos. Así que, aunque durante años yo no veía a la Divina Madre, ella estaba conmigo todo el tiempo.

Yo me he dedicado durante muchos años a dar conferencias y a conducir talleres para ayudar a la gente en el continuo crecimiento que sigue al hecho que se les haya concedido un don divino. Cuando alguien es bendecido con una visión o una experiencia espiritual, ello debe ser el comienzo de un mayor desarrollo espiritual. Por ello, yo trato de darle a la gente lo que se podría llamar un mapa para que puedan lograr eso en sus vidas.

Recuerdo algo que aprendí hace casi treinta años y que yo pienso es muy apropiado para entender a la

Virgen. En esa época, yo había sentido curiosidad por mi ángel de la guarda y quería saber su nombre. Me dediqué a la meditación y se me dijo que al darle un nombre o transformarlo demasiado en persona, las funciones de este ser divino quedarían limitadas. María ha recibido muchos nombres en todos estos años para que nosotros podamos anclar en ellos nuestra gratitud y devoción a ella. Pero creo que debemos quedar abiertos al misterio de su espíritu, cualquiera sea su nombre, y ver sólo hacia donde nos lleva.

KIP DAVIDSON
*Ojo Caliente, Nuevo México*

MI HISTORIA comienza cuando yo tenía dos años y medio. Yo estaba pasando unos días en la casa de uno de mis primos sufriendo lo que para mí era una situación realmente horrorosa. Había siete varones, todos mayores que yo. Recuerdo una tarde durante la cual hubo mucho juego violento a mi alrededor y me tuve que refugiar debajo de una silla, vacilando porque no sabía si podría cruzar la habitación sin que me derribaran. Me sentía muy solitaria y desolada, como si estuviera ante el peor peligro y a nadie le importara nada. Mientras yo estaba en cuclillas en mi refugio me descubrí mirando el retrato de una bellísima mujer con lágrimas que corrían sobre su cara. Sus manos estaban entrelazadas y lo que estaba viendo la ponía realmente triste, pero aún en su dolor había algo tan hermoso que yo no podía dejar de mirarla. Aunque yo era muy pequeña, ésta fue verdaderamente una experiencia espiritual. Una paz profunda y dulce vino de la imagen y me envolvió, y supe entonces de que estaría a salvo. Creí que esta señora, quienquiera que fuese, era mi amiga y que me protegería. Durante el resto de esa visita, cada vez que lo necesitaba, yo me iba a ocultar debajo de la misma silla para mirar el cuadro, y ella me hacía sentir segura.

Cuando estuve un poquito más crecida, a los cinco o seis años, yo veía a María caminar por el patio de la casa familiar y sentía que ella era mi amiga. Luego, yo seguí creciendo, fui a la escuela e hice cosas con niñas de mi edad, y María y su amistad se empañaron, aunque aún la sentía conmigo durante la noche.

Como muchos adolescentes, yo pasé un período de rebeldía que duró desde los catorce años hasta los veintidós. Realmente me volví contra todo: no creía en Dios, estaba muy enojada y no pensaba en María para nada. A pesar de haber rechazado todo, yo notaba que parecía existir una fuerza protectora que actuaba sobre mi vida. Parecía estar segura frente al mal, especialmente la clase de daños que yo era capaz de atraer hacia mí. Hoy la llamo fuerza de gracia—y sé que María no me abandonó, aún cuando yo la había abandonado a ella.

Años más tarde fui llamada a desarrollar mis capacidades parasicológicas y me capacité durante cinco años para poder utilizar esta facultad en bien del prójimo. Sigo haciendo esto con mis clientes y por intermedio del libro *The Kitchen Mystic* (*La mística de la cocina*).

Sin embargo, que yo me haya dado cuenta, María no volvió a mi vida hasta 1982. Yo estaba soñando un sueño realmente maravilloso en el cual me hallaba en una habitación a donde entraba esta hermosa mujer y me miraba con un amor tremendo. Ella no se parecía a las representaciones clásicas de la Virgen, aunque llevaba vestimenta azul larga. La mujer tenía un corte de cabello moderno. Sus uñas habían sido arregladas por una manicura y en los dedos llevaba anillos preciosos. Yo la miré asombrada cuando ella se deslizó hacia mí, se arrodilló a mis pies y los abrazó, mirándome a los ojos. Como un río de energía corrió entonces por mis piernas y subió por toda mi columna vertebral. Fue un manantial de paz muy bello el que corrió por mi cuerpo partiendo de su toque y su mirada.

Después de ese sueño cambié. Comencé a ver esta profunda y hermosa luz del color azul de María en la periferia de mi visión. Y empecé a escuchar una voz suave, gentil y que me saciaba, susurrando consejos, intuitivamente, para ayudarme y guiarme.

Yo puse mi confianza en la Señora implícitamente. Podía ver que ella era perfecta, la ausencia de ego en su energía la convertía en un ser acabado. Ella me guió de esta forma durante cuatro años,

nunca errando en nada y siempre absolutamente
certera, ya fuera en mi propia vida o las situaciones
mundiales. Finalmente, durante una conferencia de
la Hermandad de Fronteras Espirituales a la que yo
asistí, ella se me reveló.

Una señora subió al escenario para dirigirse al
público y para empezar dijo estar aturdida porque
María y Jesús se le acababan de aparecer mientras
ella esperaba entre bastidores, cosa que nunca antes
le había sucedido. Mientras esta señora impartía su
mensaje al público, yo oí la suave voz de mi guía, la
Señora.

"Soy yo. Yo soy la Madre María."

Por supuesto que yo me quedé incrédula,
aunque ahora sé que no debería haberlo estado.
"¿Tú eres la Madre María?" pregunté.

"Sí, lo soy."

"¡Estás bromeando! ¿Estás segura?"

"Sí, yo soy María."

"Quieres decir ¿la Madre de Cristo? Quieres
decir ¿la Santísima Virgen María?"

"Sí, esa soy yo."

Finalmente, acepté que tenía que ser ella porque
yo me estaba comportando de manera tan testaruda,
tan difícil y tan escéptica y su paciencia nunca se
inmutó. ¡Sólo un ser tan perfecto y generoso como
María podía tener tanta paciencia!

Cuando empecé a escuchar las historias de Medjugorje y las apariciones de María allí, yo también
quise ser parte. Quería verla a *ella*, no sólo la luz

azul. Me acuerdo que me preguntaba: "¿Por qué no yo? ¿Por qué no te me apareces a mí?" Luego, una noche me quedé dormida en el sofá y al despertar, en medio de la noche, sentí el ruido del viento que soplaba en la sala aunque las ventanas estaban cerradas. Yo podía sentir que el viento realmente soplaba; se trataba de un viento húmedo, ácueo que traía olor a montaña, rocas y flores. Abrí los ojos y vi, al otro lado de la habitación, una figura vestida de blanco con un fulgor como el de *Star Trek*, con chispas blancas llenándole su espacio. Casi perdí el control del susto y grité: "¡Espera! ¡Espera! ¡No estoy lista! ¡No estoy lista!" Pero yo había pedido verla y ella había venido.

Después de este incidente, sin embargo, no me sentí lista para verla de nuevo durante mucho tiempo.

Ella se apareció dos veces en la aurora boreal. Una noche sucedió cuando yo estaba caminando con dos amigas, manteniendo la clase de diálogo interno con la Señora que he tenido durante años, sólo que esta vez me escuché decirle: "Ya ves, yo realmente quisiera verte alguna vez." Y una voz muy clara me respondió: "Bueno, vuélvete y mira la aurora boreal."

Las tres nos dimos vuelta. Yo sólo vi las luces, pero ellas cayeron de rodillas al ver a María. Yo me dije a mi misma que se trataba de una preparación, que ella sabía que yo no estaba aún lista. Entonces vi una estrella fugaz caer de entre las luces. Mis dos amigas lanzaron un suspiro de asombro y me dijeron que habían visto claramente cómo ella levantaba la mano hacia su corazón y ¡desde allí lanzaba la estrella hacia la noche! Yo vi la estrella. Yo vi las luces. Pero no conseguí ver a María.

Finalmente, un año más tarde, yo fui al campo con una amiga. Al ver la aurora boreal, nos detuvimos y salimos del automóvil. Me sentí rodeada de la energía de María. Sabía que ella estaba presente y, esta vez, pensé: "Bien, estoy lista—ahora te puedo ver." Entonces una luz se aglomeró en el cielo y creció y creció hasta que se formó una enorme imagen—una muy clara imagen de una persona vestida con una túnica larga y cuyos brazos estaban extendidos hacia el cielo. ¡Mi amiga también la vio! El cielo todo estaba en llamas con su luz, desde un horizonte al otro, y el pensar cuán poderosa es ella me dejó atontada. Luego, tan rápido como había aparecido la imagen desapareció.

María también interviene específicamente en mi vida electrónica, jugando con cosas como la computadora o el teléfono.

Una mañana que llevaba a mi hija a su guardería, yo estaba muy dormida. Me confundí y giré donde no debía, y fui detenida por un policía. Yo sabía que la cosa era grave porque ya tenía dos boletas de tráfico que no había pagado. La idea de tener que llevar a mi bebé al centro para pagar mis multas era como una pesadilla, especialmente esa mañana.

En ese momento me escuché decir en voz alta:

"¡No puedo soportar esto! ¡Esto es algo que no puedo resolver ahora!" El oficial de policía volvió a su patrullero para hacer su llamada y pedir datos a la computadora sobre mi patente, pero no pudo encontrar mis datos en ninguna parte. Todo lo que pudo hacer fue hacerme una boleta y dejarme ir. Pero al empezar a alejarme, la Madre María me dijo: "No te preocupes, todo está bien, pero tienes que ir al centro a pagar tus multas hoy." Eso es lo que hice. Pagué las tres boletas.

Otra vez yo estaba hablando con mi hermana por teléfono cuando comencé a decir algo que hubiera traicionado la confianza depositada en mí por nuestro hermano. Mi hermana luego me dijo que me oyó decir: "Bueno, la cosa es . . ." Después hubo cinco minutos de estática y finalmente: "Bueno, eso es todo." Durante todo el tiempo que escuchó el ruido, mi hermana repetía mi nombre, pero yo no la escuchaba. Sí oí a la Madre María que decía: "Sabes, en verdad no debes hacer esto." Ella me estaba protegiendo de mis propios errores. No me podía dejar que yo hiriera a nadie, así que obstruyó la línea telefónica.

Hubo otra intervención interesante que me gustaría compartir. Fui a *Victoria's Secret*—¿a quién se le ocurre?—a comprarme ropa interior. Me enamoré de una camisola que era demasiado cara, pero me pareció que tenía que tenerla. Yo sabía que no quería gastar más de veinticinco dólares y el precio de la camisola era más del doble. Finalmente decidí comprarla y cuando la empleada entró la etiqueta en la computadora el precio que figuró era ¡veinticinco dólares! No había forma de malinterpretar lo que estaba escrito en la etiqueta. Allí figuraba que la camisola valía sesenta y cinco dólares, pero el gerente del negocio vino y me dijo: "Bueno, si la computadora piensa que deben ser veinticinco dólares ¡yo no me voy a preocupar por ello!" Yo sabía exactamente quien había estado jugando con esa computadora.

Así que estos son los pequeños regalos y sorpresas que la Madre María me concede. Vivo en constante asombro de sentirla tan presente en mi vida. Es como una madrina que sigue con atención a su ahijada. Es muy sensible y quiere que todos sepan que si alguien necesita una Mamá espiritual, la puede adoptar a ella.

MARY HAYES-GRIECO
*Minneapolis, Minnesota*

HACE POCO tiempo, cuando yo tenía veintiún años, me hallaba sumida en un período de confusión muy serio. Asistía a la universidad, pero no estaba muy contenta con el campo de estudio que había elegido, que era la literatura inglesa. Sentía que ésa no era mi verdadera vocación, pero no sabía exactamente cuál podría ser mi llamamiento. Estaba en una encrucijada sin tener idea de qué dirección tomar. Desesperadamente necesitaba un poco de claridad en mi vida.

Recibí la guía y la subsiguiente iluminación una noche de invierno rigurosamente frígida. El aire tenía una calma inusualmente solemne, lo que me pareció muy apropiado a la ocasión. Con dos amigas yo estaba visitando otra amiga quien, recientemente, había perdido su padre en un accidente extraño. Él había sido arrollado por un camión y su muerte, tan inesperada, tan repentina, había sido como un fuerte aviso que la vida es efímera. ¡He ahí que yo tenía ese don, el más especial de todos, y no sabía qué hacer con mi vida!

La cosa más extraordinaria ocurrió cuando estábamos por entrar en la casa. Ibamos a cruzar el umbral cuando mi amiga me miró y me dijo: "Jesús y María están contigo esta noche." Lo dijo en un tono peculiarmente profético que yo nunca le había escuchado antes, como si lo que ella decía proviniera de un mensajero angélico. Yo me quedé paralizada en el umbral, esperando ver si el mensaje divino continuaba, pero ella no dijo nada más y simplemente entramos en la casa.

Luego de la cena, nos quedamos sentadas a la mesa y encendimos un cirio, un cirio negro, para que nos diera un poco de luz ya que la habitación estaba ahora a oscuras. Desde hacía algún tiempo yo venía rezando para pedir claridad y mientras estaba sentada en el comedor de mi amiga, con ese cirio negro iluminando la oscuridad invernal, comencé a rezar, con mis ojos cerrados, pidiendo por mi amiga, cuyo padre había fallecido, para que encontrara consuelo. Cuando abrí los ojos, miré el cirio, vi las llamas bailando y vacilando, creando sombras en las paredes.

Observé las sombras bailarinas y vi que se habían convertido en piedra y que de pié, entre ellas, estaba una bella mujer. También fui consciente que había dejado mi cuerpo. Ya no estaba en el comedor, con mis amigas, sino en una cueva donde había una enorme fogata en el medio. Surgiendo de la oscuridad estaba la Santísima Madre. Supe de inmediato que era ella porque su fulgor brillaba más que la más refulgente de las llamas del fuego.

Fijé la mirada, sin pestañear, y entonces fue cuando me di cuenta que la Virgen María se me estaba apareciendo encarnada en la Madona Negra. Su túnica era negra, oscura como el cielo nocturno, pero acentuada por la llamarada de oro de un millón de estrellas. Ella me miró con tanta comprensión y amor que me sentí redimida. Me di cuenta que ella sabía que yo estaba perdida y quería que yo supiese que ella estaba conmigo, para guiarme y ayudarme.

Sin palabras, me llamó para que me le acercara y luego puso su mano en mi frente. Yo sentí como si ella estuviera a sabiendas aquietando mis temores, esclareciendo las confusiones y dudas de mi mente. Intuitivamente, llegué a la conclusión que ella quería que yo me acostara, lo que hice, y ella salpicó algo sobre mi cuerpo. Luego, una gran paz descendió sobre mí. No quedó duda alguna en mi mente que todo en mi vida saldría bien.

Al regresar de mi visión, vi que la llama del cirio negro había quemado más o menos la mitad de éste y, extrañamente, había un gran pedazo de cera adherida al lado derecho del cirio. Miré más de cerca y noté que la cera parecía una estatua en miniatura de la visión que yo acababa de tener—la Madona Negra. Ella vestía las mismas ondulantes vestiduras negras, y miraba el fuego como lo había hecho en mi visión. Esto fue muy reconfortante y confirmó ante mis ojos la aparición. Pero no fue el único signo. Al salir esa noche, la misma amiga que previamente había anunciado esta experiencia mística, me preguntó: "¿Alguien más vio a María en el cirio?"

Nuestra anfitriona me dejó llevarme el cirio a casa y esa noche comenzó la etapa más importante del resto de mi vida. Dejé la universidad por un año, como primer paso en el viaje espiritual que durará toda mi vida. Yo siempre había querido ser artista, pero nunca había tenido en mí misma la confianza para serlo, insegura de mis posibilidades de éxito. Después de este año de preguntas y descubrimientos personales, un año en el que nunca, nunca hubiera tenido el valor de embarcarme sin el encuentro con la Santísima Madre, me inscribí en una escuela de arte y hoy, me complace decirlo, me gano la vida dedicándome a diseñar joyas. ¡Adoro lo que hago y la gente piensa que lo hago muy bien! Ella me aportó la guía, la iluminación y, sobre todo, el valor para creer en mí misma—exactamente en el momento en que yo más necesitaba esas fuerzas.

¿Qué se hizo del cirio negro con la cera que

parecía una estatua en miniatura de la Madona Negra? Todavía lo tengo en mi altar como recordatorio constante de la presencia consejera de María.

KRISTIN PAMPERIN
*Weehawken, New Jersey*

# CURACIONES

*Muchos enfermos que aquí vinieron*
*han sido curados por el poder de Nuestra*
     *Señora;*
*Los muertos revivieron, no hay duda de ello;*
*Los rengos tuvieron piernas y los ciegos reco-*
     *braron la visión;*
*Hete aquí el mayor solaz contra toda tribu-*
     *lación;*
*Para todos los dolientes del cuerpo y el alma;*
*Llamando devotamente a Nuestra Señora.*
                RICHARD PYNSON

HACE VEINTE AÑOS yo era una monja joven, muy contenta de haber recibido el llamado a ser útil al prójimo en esta vida. Eso era lo que yo siempre había querido y me sentía particularmente afortunada de haber sido aceptada en una orden religiosa. Sin embargo, y demasiado pronto para mí, la vida que yo había soñado mostró su primera rajadura, luego otra, y otra, hasta que se hizo añicos.

Me diagnosticaron esclerosis múltiple. Con el tiempo, la enfermedad se agravó tanto que no pude ni vivir la vida religiosa ni contribuir plenamente a ella. Se me concedió una dispensa de mis votos y regresé al hogar de mis padres en Iowa. Enseguida me di cuenta que no podía quedarme allí porque ellos tenían que cuidar cinco niños menores y, a pesar de que salí a buscar trabajo, no encontré ninguno. Tampoco podía conseguir seguro médico o de salud porque mi enfermedad era considerada una condición preexistente.

Era terriblemente infeliz. Sentía una desilusión y un sentimiento de pérdida profundos. Todo lo que yo siempre había querido era ser monja y servir al prójimo, y eso me era negado.

Fui a ver al médico de la familia, quien era un buen amigo, y él me habló en tal carácter: "Quiero que te vayas de Iowa, que busques un lugar donde nadie te conozca y comiences tu vida de nuevo. Todavía tienes otros cinco años buenos y debes realmente vivirlos y disfrutarlos."

Y eso fue lo que hice mudándome a Pennsylvania, donde me fue ofrecido un trabajo como maestra en el Departamento de Educación Especial del Condado de Butler. Una parte corriente del proceso de contratación para un empleo de maestra, en esos tiempos, era pasar por un examen físico. El médico de mi pueblo me había aconsejado que no dijera que tenía esclerosis múltiple, sino que explicara que había tenido polio cuando niña. Ello justificaría mis problemas con los movimientos reflejos y cualquier anormalidad en la parte neurológica del examen. Esto podría parecer un poco contrario a la ética, pero, en realidad, no lo era. Primero, porque el consejo no me había sido dado por un médico, sino por un hombre que se preocupaba por mi bienestar de una manera mucho más subjetiva. Segundo, y aunque mi conciencia sintió algo más que un sobresalto cuando no fui absolutamente sincera con mis patrones, yo sabía que tenía una corta vida productiva por delante, y nada era más importante para mí que ser productiva, un miembro útil de la sociedad. Así que hice lo que mi amigo doctor me había sugerido y fui contratada.

Me hallaba enseñando educación especial en una escuela pequeña de Mars, Pennsylvania, cuando conocí a mi futuro marido. Durante unos años no fuimos más que dos muy buenos amigos, sin estar enamorados, y yo nunca le dije que tenía esclerosis múltiple. Cuando él me preguntaba por qué usaba esos zapatos ortopédicos tan extraños y por qué yo a veces me tropezaba, siempre utilizaba la vieja excusa de que había tenido un ataque de polio en mi infancia que había dejado algunos efectos residuales. Cuando me pidió que me casara con él, sin embargo, tampoco se lo confesé. En mi mente yo racionalizaba todo diciendo que, a lo mejor, yo era una de aquellas personas que tienen un sólo ataque de la enfermedad y entonces ¿por qué mencionar algo que a lo mejor nunca se convertiría en un problema? Podría tener suerte también ¿por qué nó?

Y la tuve durante los dos primeros años de nuestro matrimonio. Para ese tiempo, ambos teníamos más de treinta y cinco años y estábamos más que listos para empezar una familia. Queríamos hijos desesperadamente y cuando vi que no podía quedar embarazada fui a consultar un médico. Luego de examinarme, él me dijo: "Hay algo que está mal y creo que sé de qué se trata. Realmente le aconsejo no tener hijos. También le recomendaría que buscara un buen neurólogo y que empiece a prepararse para lo que sucederá en el futuro." ¡De inmediato cambié de médico!

Luego de tres meses quedé embarazada de Kristin. Me aconsejaron no tener más niños, por supuesto, así que en los próximos tres años tuvimos otras dos niñas, Ellen y Heidi. Yo había dejado de enseñar para convertirme en una mamá de dedicación completa y ni entonces le dije a mi marido o a mis niñas que padecía de una enfermedad. Después del nacimiento de Heidi, sin embargo, no podía seguir diciendo que mi falta de coordinación era consecuencia de la polio porque otros síntomas de la esclerosis múltiple empezaron a manifestarse. Yo no podía levantar las manos por encima de la cabeza. A menudo tropezaba. Me caía. No podía caminar más de cincuenta metros sin ayuda. No es necesario decir que mi marido estaba terriblemente preocupado por mí, pero ni él ni yo hablábamos del tema. Finalmente, un día tuve un ataque severo y me llevó al hospital, donde los médicos me dijeron que estaba muy gravemente enferma. Aún en ese momento me negué a aceptar lo que me estaban diciendo. Me di vuelta hacia la pared y me puse a sollozar. Lloraba pensando lo que iba a hacer mi marido cuando yo finalmente le dijera la verdad; lloraba por mis tres hijas porque yo no iba a poder ser la madre que quería ser para ellas; y lloraba por mí misma, por el futuro imperfecto que me esperaba.

Los doctores me dieron de alta y, una vez en casa, mi marido y yo tuvimos nuestra primera charla realmente sincera. Yo le confesé cual era mi condición. Traté de explicarle por qué yo le había ocultado la verdad. Cuando terminé, mi marido me pidió el divorcio. Nunca me voy a olvidar de ese instante por el resto de mis días. Él se fue de la casa y yo me quedé sentada llorando a mares por todo lo que había salido mal.

Increíblemente, mi marido regresó después de tres o cuatro horas. El estaba muy tranquilo cuando me dijo: "Yo sé que no voy a ser capaz de asumir este problema, pero voy a tratar de hacerlo. No me pidas que te haga ninguna promesa ahora—vamos a tener que ver cómo salen las cosas." ¡A partir de ese momento se convirtió en el ser humano más comprensivo, más maravilloso, amoroso y bondadoso que yo haya conocido!

Mi incapacitación empeoró. Me llevaba dos horas y media preparar hamburguesas y ponerlas sobre la mesa—las tareas más simples ocupaban toda mi concentración y esfuerzo. También se me presentó una deformidad en la pierna derecha que hizo que ésta se me diera vuelta hacia adentro y la rótula, el hueso de la rodilla, quedó completamente dislocada y saliente hacia afuera, lo que me causaba el dolor más atroz cada vez que me movía. Mis movimientos quedaron aún más restringidos, así que fui a ver a un cirujano ortopédico, quien me operó la rodilla para liberar la rótula y permitir que siguiera al resto de la pierna en su rotación hacia el costado. Con la ayuda de muletas me las arreglé, a los tumbos, para cuidar a mis hijas y mi casa.

Para 1982, ya no me podía manejar sola, así que una muchacha que vivía en la misma calle comenzó a venir para ayudarme durante la semana. Aunque ella era muy buena, su presencia sólo añadía al sentimiento de culpa que me corroía por saber que mi marido y mis hijas no estaban recibiendo de mí lo que se merecían y tenían derecho a exigir. Yo estaba tan molesta y temerosa que empecé a hacerle promesas interesadas a Dios. "Dios querido, por favor no permitas que esto empeore. ¡Por favor! Estoy dispuesta a hacer lo que quieras si mis manos y mis brazos no son afectados." Cuando la esclerosis múltiple penetró en mis brazos y mis dedos perdieron la sensibilidad, otra vez le supliqué: "¡Dios, por favor, no dejes que esto suba por encima del cuello!"

Yo me enojaba y me sentía frustrada todo el tiempo. En el lapso de dos cortos años yo había ido de ataque en ataque, de muletas a silla de ruedas, víctima de una enfermedad que me estaba destruyendo a mí y a quienes yo amaba. No podía entender por qué me había sucedido esto a mí, ni podía aceptar las limitaciones que imponía sobre mí. Me acuerdo en particular de una Navidad durante la cual las niñas decoraron el árbol: yo veía que no estaban distribuyendo bien los adornos y desde mi silla de ruedas miraba el desastre que hacían y me tornaba más y más iracunda—cuando, en verdad, todo lucía bien. Decidí levantarme con mis muletas para mostrarles cómo debían decorar el árbol.

Para ese entonces yo tenía aparatos de acero que me sujetaban hasta las caderas, así que no era fácil tomar las muletas y alcanzar el equilibrio para poder levantarme, pero lo hice. Entonces traté de estirarme hacia adelante para poner una guirnalda sobre una rama, pero perdí mi equilibrio y me avalancé de cabeza sobre el árbol. Por supuesto que las niñas se largaron a reir y todo lo que yo podía hacer, en mi frustración, era llorar. Recuerdo que me golpeaba la cabeza y gritaba "¡Esto es una porquería, Dios, esta enfermedad es una porquería!"

La depresión, ira e impaciencia, mayormente dirigidas contra mí, me dominaron. Pensé que eso no era vida, era simplemente una existencia. Y aunque trataba de convencerme de que tenía muchas cosas por las que dar gracias—tres niñas maravillosas y un marido cuya fortaleza y apoyo me sostenían día a día—sólo podía pensar en todo lo que no tenía, y mi caos interior empezaba a destruirme.

Entonces, un día, llamó una amiga para decirme que iba a haber una misa de curación en San Fernando y me invitaba a ir con ella. Yo le dije que me iba a sentir demasiado incómoda al tener que ponerme de pie ante toda esa gente. Aunque mi amiga siguió insistiendo, fue mi marido quien me convenció que fuera: "¿Te va a hacer daño?" preguntó.

"¡Dios sabe que todos los doctores del mundo no han sido capaces de ayudarte ni un poquito!" Así que me decidí a asistir.

Cuando llegué a la iglesia había allí una muchedumbre. Yo me sostenía con mis soportes y mis muletas, y fui tambaleando por la nave lateral detrás de un acomodador quien me condujo a uno de los bancos. La misa comenzó casi inmediatamente después del rosario y los concelebrantes, yo incluida, nos acercamos por el pasillo. De repente yo sentí que alguien me tocaba el hombro. Me di vuelta y vi un sacerdote enorme y de cara rubicunda que estaba rezando por mí. Todos los otros concelebrantes se detuvieron y observaron. Yo estaba totalmente mortificada por la vergüenza de haber sido escogida entre toda esa otra gente.

Luego, se me hizo que casi de inmediato, me sobrecogió un sentimiento de paz como no había experimentado en muchos años. Descubrí que yo misma estaba rezando para tener la capacidad de aceptar la voluntad de Dios y ser feliz con lo que Él me tuviera destinado. Después de la misa, mi vida comenzó a cambiar. Yo dejé de hacerle promesas interesadas a Dios y, en lugar de ello, aprendí a aceptar lo que Él quisiera de mí. Mi enfermedad no iba a seguir siendo una excusa para no ser útil ni prestar servicios—que era lo que yo disfrutaba hacer en la vida. Una vez que sometí mi voluntad a la de Dios, y una vez que comprendí y acepté que Él tenía un propósito para mí, comenzó mi verdadera cura.

Mi marido notó mi cambio—¿cómo podía dejar

de notarlo cuando la vida en el hogar entró una fase de calma y serenidad totalmente nuevas? También decidí que había tenido suficiente descanso en casa y debía volver a trabajar. Yo había sido una buena maestra y podría volver a serlo ¡pero eso resultó más fácil de decir que de hacer! Yo arreglaba por teléfono una entrevista con alguien que había leído mi curriculum, pero cuando iba a la cita y me veían, la respuesta era: "¡Gracias! ¡No la necesitamos!" Finalmente llamé a mi pastor y le dije: "Padre, necesito un trabajo. Soy una buena maestra y sé que podría hacer un buen trabajo para ustedes."

"Es interesante que me llames hoy," me respondió. "Dos de nuestras maestras nos acaban de anunciar que no volverán el próximo año. ¿Por qué no vienes esta tarde?"

Yo había instalado controles manuales en el automóvil, así que me fui sola a la rectoría y esa misma tarde firmé un contrato para dar clases en la Escuela de San Gregorio.

Durante varios años las cosas anduvieron realmente bien. Yo adoraba enseñar, me encantaba hacer algo que yo sabía hacer bien y que era un servicio a los demás. ¡Nada me daba más placer que ser necesaria! Pero luego, en 1985, la esclerosis múltiple me volvió y tuve un ataque muy serio. Quedé completamente paralizada de la cintura para abajo. No podía mover los dedos de los pies; no podía levantar los pies; no tenía sensación alguna en mis piernas. La deformidad en mi pierna derecha empeoró también y esa pierna constantemente se me doblaba, incapaz de darme el más mínimo apoyo.

Pasé cuatro semanas como paciente del Hospital de Rehabilitación de Harmerville, recibiendo terapia intensiva y terapia física para volver a caminar. Luego de esas cuatro semanas, tuve que volver cada tres meses como paciente externa. Ya no podía hacer funcionar una silla de ruedas normal, así que tuve que conseguir una silla liviana, un modelo que se movía a electricidad, y recibí instrucciones sobre su uso. En la escuela instalaron un elevador para silla de ruedas, rieles para ayudarme a mover y todo lo que necesitaba para poder manejarme—e hicimos planes para hacer lo mismo en casa. Si esto hubiera sucedido unos pocos años antes, yo habría quedado tan descorazonada, que estoy segura me hubiera sentido lista para exhalar un profundo suspiro y abandonar todo esfuerzo, pero con mi nueva comprensión y aceptación del poder y propósito de la voluntad de Dios, fui capaz de seguir con mi vida a pesar de las recientes disminuciones y necesidad de reajustes.

Un día, leyendo *Selecciones del Readers Digest*, descubrí un artículo sobre las apariciones de la Santísima Madre en Medjugorje, Yugoslavia. Me pareció fascinante, pero no pensé mucho en ello hasta que recibí un libro que acababa de comprar por correo.

Yo había pedido que me enviaran la biografía de la Hermana Lucy publicada por *Trinity Publications*. El libro llegó junto con un aviso del editor diciéndome que me debían nueve dólares. Yo sabía que no me debían nada, así que pensé que se trataba de un error de la computadora y lo ignoré. Una semana y media más tarde, el correo trajo otro aviso que sugería que les donara los nueve dólares que me debían. Bueno, siendo una maestra con muchos gastos médicos y tres niñas, etc. etc . . . pensé que la caridad comienza por casa.

Yo estaba mirando el catálogo y fue entonces cuando descubrí el título *¿Aparece realmente la Santísima Madre en Medjugorje?* por el Padre René Laurentin. Su costo era $6.95 más $2.00 de franqueo y embalaje. Mandé la orden pensando que el editor se podía quedar con los cinco centavos que sobraban. Me sorprendió que el libro llegara luego de cuatro o cinco días en lugar de las seis a ocho semanas que tomaba normalmente cualquier envío. Lo comencé a leer inmediatamente y no pude dejarlo hasta terminar.

Me conmovió mucho—tanto que comencé con los ayunos que ella había pedido en sus mensajes a los niños, y comía sólo pan y agua los miércoles y viernes. Cuando me tocó ir al doctor, él estuvo contentísimo porque yo había bajado casi siete kilos que definitivamente estaban de sobra. Aún cuando yo sólo consumía ochocientas calorías por día, mi metabolismo estaba reducido a cero porque yo no tenía ningún tipo de actividad física en mi vida.

Por entonces, yo generalmente me iba a la cama a las diez y mi marido me ayudaba a subir las escaleras levantando una pierna y luego la otra hasta llegar al primer piso. El volvía a la planta baja para ver el noticiero y yo utilizaba este tiempo a solas para mis oraciones y lecturas espirituales. Eran unos momentos de soledad que yo atesoraba, con las niñas en la cama y la casa en calma. El 18 de junio de 1986, a eso de las once y media de la noche, yo acababa de finalizar mi rosario cuando escuché una voz que me decía: "¿Por qué no pides?" "¿Pedir qué?" me pregunté segundos antes de que estas palabras brotaran de mí:

"Querida María, Reina de la Paz, quien yo creo apareces ante los seis niños de Medjugorje, podrías, por favor, pedirle a tu Hijo que me cure donde yo necesito ser sanada. Yo sé que tu Hijo dijo que si uno tiene fe y le dice a la montaña '¡Muévete!' ella se moverá. Yo creo. Por favor, ayúdame a fortalecer la parte de mi fe que no es fuerte."

Cuando terminé, sentí una peculiar sensación de calor en todo mi cuerpo, como si una corriente eléctrica me corriera de la cabeza a los pies. Debo haberme dormido porque mi siguiente toma de conciencia fue a las seis y media de la mañana cuando todo estaba como siempre. Mi marido me ayudó a vestirme, pusimos la silla de ruedas en el automóvil y salí para la escuela. Una niña estaba lista para ayudarme y me llevó al aula. En lo que a mí se refiere, todo seguía "normal." A medida que pasaba la mañana, empecé a sentir una picazón en mis pies. Yo me sentía tan sorprendida y fascinada por esta sensación que durante el recreo le hice señas a Laverne que no necesitaba que ella me llevara a otro edificio, como era la costumbre, para que yo usara un baño que tenía instalación especial para silla de ruedas.

Yo hallaba esta picazón muy extraña, por supuesto, y cuando me agaché para rascarme, sentí que mis dedos se movían para arriba y para abajo dentro de esos enormes, gruesos, toscos zapatos ortopédicos. ¡Estaba absolutamente pasmada! Yo había consultado varios doctores y me habían hecho más de una electromiografía—un procedimiento que detecta la actividad nerviosa en los miembros. Los resultados siempre habían sido los mismos: no tenía ninguna actividad nerviosa en ningún lugar de mis piernas. Por consiguiente, no había ningún tipo de terapia que me pudiera ayudar. Sin embargo, cuando me agaché para rascarme ¡yo tenía sensibilidad! ¡Yo realmente sentía algo! También tenía sensibilidad a los lados de mis piernas que antes habían parecido dos moles de madera. ¡Estaba fuera de mí de ansiedad!

No veía el momento que las clases terminaran—mientras, me quedé sentada en mi silla moviendo mis dedos todo el tiempo. Cuando finalmente terminaron las clases, yo me fui a casa ansiosa por ver la expresión en la cara de mi marido cuando viera lo que podía hacer. Pero el garage estaba vacío—nadie había regresado a casa aún. Yo me había estado quejando que la estación de las fresas estaba llegando a su fin y nosotros no habíamos comido fresas, así que me imaginé que mi marido y las niñas habían ido a una granja a recogerlas. Iba a tener que esperarlos.

Mis muletas estaban atadas a un riel para que yo las pudiera alcanzar desde mi carro. Normalmente, yo nunca hubiera osado subir los tres escalones de la

entrada a menos que hubiera alguien allí para ayudarme porque mi equilibrio era muy malo, lo que me
presentaba un gran problema en ese momento. La
parálisis me había dejado con una afección neurológica
a la vejiga y los intestinos, efectos secundarios de la
esclerosis múltiple, lo que significaba que yo no tenía
control respecto a cuando entraban en funcionamiento
o se detenían. Y yo había estado tan concentrada en el
movimiento de mis dedos y las sensaciones que sentía
que le había dicho a Laverne que se fuera y no había
ido al baño en el recreo. Eso quería decir que yo
todavía estaba usando la misma protección contra
incontinencia a la una y media de la tarde que la que
me había puesto a las siete y media de la mañana.
¡Tenía que entrar en la casa e ir al baño con urgencia!

Salí del auto y tomé mis muletas. "Bueno," pensé,
"si puedes mover los dedos y tener sensaciones en las
piernas, tal vez puedas subir esos escalones." Yo elevé
mi pierna izquierda, la que podía doblar, mientras que
la derecha, la que tenía la rodilla deforme, permanecía sostenida por un soporte que me llegaba
hasta la cadera. Cuando mi pierna izquierda se elevó,
mi pierna derecha la siguió normalmente, y ciertamente pude subir y entrar en la casa.

Hacía mucho calor, así que decidí sacarme los
soportes de acero y acostarme en el sofá hasta que
mi marido regresara a la casa. ¡Yo estaba tan exci-
tada pensando en el espectáculo que le estaba
preparando! Sabía que lo iba a sorprender, pero
nunca me imaginé cuánto, hasta que me agaché para
soltar los soportes de acero y hebillas que sostenían

el aparato en su lugar. ¡No pude reconocer mi pierna! Miraba y miraba mi pierna derecha como si perteneciera a otra persona, como si fuera una cosa extraña que descansaba allí. Recuerdo haber gritado "¡Oh, Dios mío! ¡Dios mío! ¡Mi pierna se enderezó!" Estaba completamente derecha, en su lugar y hasta la rodilla miraba hacia el frente como debía.

Yo estaba realmente impresionada. Sabía que había ocurrido un milagro, pero el hecho aún me parecía irreal. Recuerdo que llevaba puesta una falda más bien larga y que la levanté por el ruedo y la sostuve con el cinturón, así podía caminar con mis muletas y ver cómo se movía mi pierna. Fui de una habitación de la casa a la otra, llorando y dándole gracias a la Santísima Madre, y así llegué a la escalera que llevaba al primer piso. Me quedé parada allí, con los ojos fijos en los escalones, y entonces entendí lo que me había ocurrido la noche anterior. Mi plegaria súbita; esa corriente eléctrica que me corrió por las piernas ¡y las curó! Y a medida que esta realidad se iba haciendo patente, también me di cuenta que si había sido curada ¡podría *subir* las escaleras!

¡Y lo hice! Puse las muletas en un rincón y corrí escaleras arriba. Cuando llegué al final me puse a saltar, gritando con una alegría que no encuentro palabras para describir. Luego volví a correr escaleras abajo, abrí la puerta de entrada y salí. Estaba histérica y corrí tantas veces alrededor de la casa que nuestro perro comenzó a seguirme. Mientras tanto, todo el tiempo, yo repetía "¡Gracias, Dios! ¡Gracias, Santísima Madre!"

Finalmente me calmé lo suficiente como para volver a la casa. Por supuesto que no me podía contener y tenía que contárselo a alguien. Ese alguien fue mi pastor. En el minuto que él levantó el teléfono yo grité: "¡Estoy curada! ¡Estoy curada! ¡Ya no tengo esclerosis múltiple!"

"¿Quién habla?" preguntó él.

"¡Ya no tengo esclerosis múltiple! ¡Estoy curada!"

"¿Habla Rita?"

"¡Sí! ¡Sí!"

"Rita, siéntate, toma dos aspirinas y llama a tu médico. Por favor ¿quieres hacer eso por mí?" Y ¿saben lo que hice? ¡Le colgué el teléfono pensando que él no me era de ninguna ayuda! La siguiente persona que decidí llamar fue mi vecina, la que me había llevado a la misa de curación, pero para cuando finalmente me puse en contacto con ella, yo ya no podía hablar de tanto que estaba llorando. De alguna manera ella comprendió que yo era la que la llamaba y, antes de que me lo imaginara, entró en mi casa y se quedó petrificada cuando me vió saltar por toda la sala. "¿Por qué te quedas parada?" le grité. "¡Mírame! ¡Mírame bien!"

Esas palabras la sacaron de su estupefacción y corrió a abrazarme y ambas seguimos gritando y llorando juntas y saltando por todos lados. "¡Tenemos que encontrar a Ron y las niñas!" me dijo. Encontramos un par de sandalias de una de mis hijas que me calzaron bien y salimos. Primero paramos en la rectoría así yo, en persona, le podía mostrar a mi pastor lo que me había sucedido. Él estaba de pie en su estudio cuando corrimos a verlo. No me voy a olvidar su mirada cuando me puse de rodillas y le pedí su bendición. Me sentía como si tuviera diecisiete años. Aún ahora no puedo describir la energía que brotaba de mí después de años y años de la debilidad más horrible y la fatiga creada por la parálisis. Era como haber nacido de nuevo.

Para cuando llegamos a la granja, estaba todo cerrado y la gente se había ido a su casa. Recuerdo que cuando enfilé hacia la entrada de nuestra casa lo vi a mi marido que salía por la puerta del frente. Su cara estaba blanca como la tiza y caminaba como si estuviera aturdido. Me di cuenta que debía haber regresado, visto mi auto vacío con la silla de ruedas todavía en el asiento posterior, mis soportes tirados en la casa, mis muletas en el pasillo—y con seguridad pensó que algo terrible me había ocurrido y me habían llevado al hospital.

¡No se pueden imaginar la loca escena que siguió a mi salida del automóvil! Mis niñas quedaron particularmente nerviosas cuando me vieron subir y bajar una cuesta que llevaba al bosque y bailar un paso irlandés. Nunca me habían visto más que como una inválida. Nunca habían tenido una mamá que pudiera llevarlas a jugar bowling o golf, ni siquiera salir de compras con ellas. Con el tiempo, todos nos calmamos lo suficiente como para que mi marido pudiera llamar al médico. Ron le explicó que ya no necesitaba mi silla de ruedas o mis muletas para andar ¡que caminaba sin ellas! "¡Eso es completamente imposible!" dijo el doctor. "Eso no es todo," continuó mi marido. "Puede *correr*. Está subiendo y bajando una cuesta a las corridas ¡corre por toda la casa!" "No puede ser," respondió el doctor. "Ella de ninguna manera puede hacer una cosa así." Me quiso ver de inmediato, por supuesto.

El doctor se comportó muy educadamente cuando llegamos, pero luego de unos momentos de charla banal, dijo: "Bueno, estoy muy ocupado y tengo que volver a mi trabajo." Ron le preguntó por qué no quería examinarme y el respondió: "¡Oh! Consulté con otros doctores lo que usted me contó y esta es la hermana de Rita ¿no? ¿Su hermana melliza?" Creía que le estábamos haciendo una broma. Hizo falta bastante trabajo para convencerlo—y muchas demostraciones—hasta que al fin aceptó que era realmente yo. Las niñas ayudaron diciendo: "¡Esta es realmente nuestra mamá! No tiene ninguna hermana que se le parezca. Todas tienen cabellos negros y viven en Iowa que queda muy lejos de aquí."

Cuando finalmente me revisó, no podía creer, y menos comprender, lo que halló: todos los exámenes dieron resultados normales. Las pruebas de los músculos, de los reflejos, los miembros atrofiados, *¡todo estaba perfectamente normal!* Luego nos dijo que debíamos dar gracias a Dios, sacar todo el dinero que tuviéramos en el banco ¡y tomarnos unas largas vacaciones! En verdad nos fuimos lejos dos días después, pero para huir del público atraído por la noticia de mi curación. Pusimos lo necesario en nuestra casa rodante y nos fuimos a Carolina del Norte donde nos reunimos con mis padres.

Mientras viva no podré dar gracias suficientes a

la Santísima Madre y a Dios por todos los favores que yo y mi familia hemos recibido. Parecerá extraño que yo diga que todo lo que me aconteció a mí fue para bien, pero realmente creo que es así. Mi espíritu es más fuerte y mi fe más profunda. Dios y la Santísima Madre derramaron su gracia sobre mí y si eso requirió que mi familia y yo tuviéramos que sufrir durante muchos años, valió la pena. No hay curación más divina que la curación del alma.

RITA KLAUS
*Butler County, Pennsylvania*

La historia completa de la curación milagrosa de Rita Klaus aparece en el libro que ella escribió, *La historia de Rita (Rita's Story)*, publicado por Paraclete Press.

EN UNA PALABRA ¡mi vida era un horror!

Yo había estado dependiendo de las drogas durante catorce años y no había razón en la tierra para que yo siguiera viva. Comencé a probar drogas en la adolescencia y para cuando llegué a los veintiséis años, tenía un hábito de cocaína que me costaba quinientos dólares por día. Estaba malnutrida, tenía los dientes podridos, se me caía el cabello. Como resultado de una larga serie de acontecimientos que me dejaron en la calle, en la compañía de diferentes hombres, aparecía de repente con uno o ambos ojos negros y huesos rotos.

Ya no podía inhalar la cocaína porque tenía una perforación en la membrana interior de la nariz, producto de mis abusos. Sin embargo, todavía necesitaba la droga a diario si quería funcionar de alguna manera, así que comencé a fumarla. Algunas veces, luego de fumar, tenía alucinaciones. Sentía cosas que me caminaban por la piel y pensaba que estaba cubierta de insectos. Sentía la urgencia de sacármelos, sin importar cómo, así que me cortaba la piel y me arrancaba los cabellos. Esto llegó a un extremo tan agudo que acabé por mutilarme con navajitas de rasurar, pinzas y tijeras.

Había estado internada en varios centros para tratamiento, pero en ninguno me pudieron ayudar. Cuando una tía vió mi estado, quedó convencida que me estaba por morir. Ella había viajado a Medjugorje en 1988 y luego de verme le rogó a mi madre que la dejara volver allí conmigo. Mi madre había perdido toda esperanza que yo fuera a recuperarme por varias buenas razones, y yo también, en realidad, había abandonado todo intento. No tenía la más mínima intención de dejar de hacer lo que hacía y, aunque hubiera podido liberarme de la adicción, no hubiera sabido cómo hacerlo. Mi tía pensó que llevarme ante la Santísima Madre era mi única esperanza.

Ahora, cuando miro hacia atrás, me doy cuenta que algo estaba aconteciéndome a pesar de mí misma. Dos días antes de mi partida para lo que yo pensaba serían unas vacaciones, no una peregrinación, decidí que no iba a comprar más drogas. Aún hoy no sé porqué decidí acabar con las que tenía y no preocuparme por cuándo ni dónde conseguiría más, pero eso es lo que hice. Ni siquiera llevé esta determinación a su conclusión lógica que era que, por el hecho de no comprar más drogas, yo entraría en mi propio infierno de privación de droga, lo que no era muy sensato. Pero, como dije, no estaba pensando en el futuro, lo que de por sí es milagroso.

Aún después de nuestra llegada no me entraba en la cabeza que este diminuto pueblito fuera, supuestamente, un lugar sagrado. Yo veía que mucha gente rezaba, lo que no me gustó nada. Me tomó un par de días darme realmente cuenta que rezar era la actividad oficial aquí. Una vez más, algo me sucedió que me hizo querer hacer la prueba con los rezos.

Me fui a confesar con un cura norteamericano y le conté todo lo que me había llevado al punto donde estaba. El entonces bendijo mis llagas con agua bendita, las llagas que yo había tenido abiertas durante años y años. Esa noche, las llagas se cerraron—¡y luego de unos pocos días estaban completamente cicatrizadas! También me sometí a un exorcismo. El padre Jozo rezó por mí, y mi tía hizo los arreglos necesarios para que yo me reuniera con uno de los videntes. Vicka vino y me bendijo con una plegaria a la *Gospa* (Virgen). Puso sus manos sobre mi cabeza y yo sentí una electricidad que me recorría dándome un tremendo calor. Tenía una sensación de bienestar que era casi irreal. Por primera vez en mi vida tuve la impresión que había sido liberada. Supe que iba a poder seguir adelante con mi vida una vez más—y que eso era un don que se me concedía.

Al final de nuestros diez días, mi cabello había vuelto a crecer en los lugares donde faltaba, mis heridas estaban curadas y, lo que es más importante, yo no sufría para nada la privación de la droga.

¡Eso fue hace más de seis años, y desde entonces nunca me he acercado a las drogas!

Ahora paso la mayor parte de mi tiempo ayudando a los adictos que aún sufren. He estado en muchos lugares de Estados Unidos, Canadá y hasta en Guam, compartiendo mis experiencias de drogadicta. Trato de inculcar esperanza y de transmitir que, a través de la gracia de Dios, se puede vivir de otra manera.

Nunca pude haber imaginado que mi vida iba a resultar lo que es. No tengo ninguna explicación sobre qué clase de fuerza pudo haber sido tan poderosa como para cambiar mi vida tan completamente, de forma casi instantánea. No sé por qué me ha sido dada una segunda oportunidad, pero eso es exactamente lo que me fue concedido.

JILL JENSEN
*Winnetka, Illinois*

EN EL VERANO de 1993, se había programado un festival espiritual de un mes de duración en Islandia. Yo había sido invitada a enseñar los métodos básicos de viajes chamánicos, una de las áreas donde había realizado estudios intensivos. Soy finlandesa de nacimiento y estaba muy entusiasmada con el viaje porque iba a ser mi primera visita a Islandia, a la par que una oportunidad de asistir a un festival donde se debatiría un tema que a mí me interesaba mucho.

El organizador del festival en Islandia me había dicho que se trataría de una reunión sagrada en el mes de julio y que se llevaría a cabo en un lugar místico cercano a una montaña remota con un glaciar que era en realidad un volcán extinto. Estaba ubicado bien lejos, en la soledad de la península.

Yo me puse a estudiar sobre Islandia y descubrí que es llamada, algunas veces, la tierra del hielo y el fuego porque tiene enormes glaciares cerca de aguas termales, géyseres y volcanes. Algunos volcanes están aún en actividad y, con el pasar de los siglos, más de doscientos de ellos han tenido erupciones y creado campos brillantes de lava. También aprendí que existen más áreas de aguas termales y sulfúricas en Islandia que en cualquier otro país del mundo. Hasta la palabra "geyser" viene del famoso lugar de aguas termales de Islandia, Geysir, que escupe chorros de agua caliente de cerca de cien metros de altura.

Islandia es, por supuesto, un país muy frío—en Reikiavik, su capital, la temperatura rara vez supera los diez grados centígrados ¡y eso es en julio! Mi anfitrión me dijo que el lugar del festival iba a ser mucho más frío, pues tenía un clima tan severo que ni las patatas crecían. Lo que sí crece es una clase de pasto de montaña sedoso que hace que el paisaje sea muy impresionante, pues prácticamente no hay árboles en muchos kilómetros. Los primeros habitantes tuvieron que cortarlos para encender fogatas, cosa que ocurrió por el año 1000. Aparentemente las sucesivas generaciones no los volvieron a plantar, así que no hay árboles, no hay frondas, nada más que cielo y pasto de montaña hasta donde alcanza ver el ojo humano. ¡Un lugar impresionante para una reunión espiritual!

Algunos meses antes de mi partida para el festival me enfermé. Se trataba de una afección del sistema respiratorio que los doctores no podían diagnosticar bien y que continuó y continuó, lo que es muy raro porque debo decirles que soy, por lo general, una persona muy sana. Yo soy, además, una enfermera, así que tengo acceso a los mejores cuidados médicos, pero, a pesar de mis esfuerzos por mejorar y del cuidado y la atención de dos médicos, no sólo no me mejoraba sino que me iba enfermando cada vez más.

Para junio, con la fecha del festival un mes más tarde, yo estaba desesperada por sentirme bien de nuevo. Uno de mis doctores pensó que podría haber contraído tuberculosis de los pacientes de SIDA con los que trabajo como voluntaria en un sanatorio. El otro médico, por alguna razón, sospechaba que yo tenía leucemia y quería hacerme una serie de análisis. Increíble como era la diferencia de los diagnósticos, ambos médicos estaban de acuerdo en una cosa: que *de ninguna manera* yo podía hacer el viaje. En otras palabras, me dijeron que ni pensara ir a ningún lado, y mucho menos a un país tan frío como Islandia.

Mi desilusión era atroz. Yo había estado soñando con este viaje—ir a un país tan inusual y diferente a todos los demás, para asistir a un festival que significaba tanto para mí. Yo estaba realmente desconsolada por no poder ir y quise dedicar un tiempo a la meditación.

En el patio de mi casa hay un árbol que es muy sagrado para mí y bajo el cual me refugio cuando quiero tener un rato tranquilo en soledad. Se trata de un abedul, variedad que normalmente no crece en el clima del mediooeste de los Estados Unidos porque los veranos son demasiado calientes pero, como digo, ¡se trataba de un árbol fuera de lo común! Mi hija me lo había traído de Minnesota donde, durante los dos años que le había llevado a mi madre morir, el árbol no había querido crecer. Aún así, mi madre había insistido en que mi padre continuara podándolo, diciéndole: "Va a crecer. No te preocupes, va a crecer." Y creció—después que ella murió. Ahora tiene un bello tronco blanco que se levanta erecto y fuerte, y yo a menudo me siento a su lado y disfruto la paz que me ofrece. Yo realmente no necesito ir a ninguna parte para encontrar respuestas, pero cuando estoy debajo de ese árbol me siento en comunicación con la naturaleza y puedo, con frecuencia, ver mi vida más claramente.

En este día particular, yo recibí un mensaje: "No te preocupes. Sigue planeando tu viaje y, mientras estés allí, la Madre te va a curar." En uno de esos instantes fugaces de claridad en que uno tiene un profundo conocimiento *interior*, yo creí en el mensaje. Yo me dije a mí misma que la Madre en cuestión debía ser la Madre Tierra porque la tierra en Islandia es tan poderosa ¡pero resultó ser alguien bien diferente!

Cuando llegó el día de la partida en julio, todavía tenía una tos seca, como de caballo, y me sentí horriblemente descompuesta durante el largo viaje en avión. Mi malestar se agravó en el prolongado viaje en automóvil desde Reikiavik hasta la remota península, tanto que mi voz había enmudecido y mis glándulas estaban dolorosamente hinchadas. No sabía lo que iba a hacer pues el taller de trabajo iba a ser a la intemperie y al atardecer. Más de doscientas personas iban a llegar de todas partes del mundo dentro de dos días ¡y yo apenas podía hablar!

Gudren, que significa "la palabra de Dios," era nuestra anfitriona y ella nos hizo conocer los maravillosos alrededores. Era fantástico cómo la tierra parecía caer directamente en el océano—había una pendiente de más de cien metros que finalizaba abruptamente en el agua. El lugar era también un santuario para pájaros y había golondrinas del Artico empollando en todas partes. Gudren nos habló de una bella fuente al pie de un glaciar y decidimos ir a verla, para lo cual tuvimos que caminar sobre ondulaciones suaves recubiertas del pasto sedoso. Luego de unos veinte minutos, llegamos a la fuente. Se trataba de una fuente natural, de unos dos metros por dos metros y medio, con musgo que flotaba sobre su superficie. Sobre la fuente, en una rajadura en el granito gris, había una estatua de la Virgen María. Gudren nos explicó que hubo una vez un obispo que vino a convertir a los paganos de Islandia. Hizo un viaje muy difícil; su grupo se quedó sin alimentos, casi no tenían agua para beber y estaban agotados. Las cosas no pintaban bien para el obispo y su diminuta feligresía hasta que llegaron hasta esta fuente. Después, todo milagrosamente les salió bien. El obispo estuvo tan agradecido que bendijo el lugar y dejó una pequeña estatua, de no más de un metro de alto, de la Virgen María.

Mientras nos hallábamos frente a la fuente yo me puse de rodillas ¡y sentí la urgencia de mojarme con sus aguas! Luego, sin razón alguna ¡me puse a llorar! Se trató de un momento muy especial, muy impresionante, y mi amiga tomó una fotografía de la estatua. Cuando la fotografía fue revelada más tarde, la pequeña estatua blanca de la Virgen María brillaba como un sol—era simplemente refulgente. Mi amiga y yo recordábamos claramente el momento cuando ella tomó la fotografía y que en ese momento el sol no estaba brillando.

En el lugar donde acampábamos se nos había asignado generosamente una de las pocas chozas pequeñas, mientras que la mayoría de los restantes huéspedes iban a tener que alojarse todo el mes en tiendas de campaña. Cuando me fui a la cama esa primera noche, más enferma que nunca, estuve muy agradecida por el confort rústico de la choza. Realmente me sentía peor de lo que me había sentido en muchos meses. Apenas podía tragar y no sabía cómo iba a poder hablar. Preocupada como estaba, todavía creía que de alguna manera iba a ser curada, que el mensaje que yo había recibido bajo el abedul era verdadero y certero. Me tomé la única aspirina que tenía conmigo y mi amiga me frotó un aceite azul homeopático en la garganta antes de que me dominara el sueño.

Y entonces sucedió la cosa más extraña. No estoy segura de la hora que era cuando me desperté porque en Islandia en julio hay casi veinticuatro horas de luz, así que la claridad penetraba por los bordes de las cortinas que trataban de mantener la habitación a oscuras. Estaba oyendo a las golondrinas que trinaban afuera cuando, de repente, la pared de la choza que estaba frente a la montaña donde se hallaba la estatua de la Virgen María, se desplomó. Vi la fuente y la estatua con la misma claridad que si hubiera estado allí mismo, sin que ni pared ni distancia nos separaran. Luego la luz que había iluminado la estatua se escapó de la imagen y comenzó a crecer y crecer hasta que su brillante fulgor formó la figura—realmente la silueta—de la Virgen María quien estaba de pie frente a mí. Yo me quise sentar para ver si la imagen permanecía o se desvanecía y mientras lo lograba, ella se me acercó hasta estar directamente frente a mí, ahora con una estatura que iba del piso al techo. En el preciso momento en que yo me senté ¡me di cuenta que estaba bien! No me había mejorado simplemente, estaba curada. No tenía más mis glándulas hinchadas ni dificultad para tragar. Pronto la imagen empezó a desdibujarse lentamente hasta que quedó sólo un brillo fosforescente en su lugar.

El mensaje que yo había recibido durante mi meditación se había hecho realidad y yo experimenté esa gloriosa cura. Cuando volví a Chicago mi médico quiso verme de inmediato. "No," le dije. "No necesito ir a verlo. Estoy realmente bien." Eso no lo dejó satisfecho. "Me alegro que te sientas bien, pero creo que de todas maneras habría que hacerte algunos análisis."

Me llevó un tiempo, pero finalmente lo convencí que no estaba simplemente mejorada sino curada.

No he vuelto a sentirme enferma ni un solo día desde ese encuentro con la Virgen María, y cuando tuve la oportunidad de contarle mi historia a Gudren no la sorprendí en absoluto. Ella me contó que se habían desarrollado muchas ceremonias sagradas al pie de la fuente para invocar la presencia de la Virgen María.

En una fría y remota península con golondrinas que trinan y una tierra difícil de cultivar, la Santísima Madre tiene su fuente para todos los afortunados quienes, como yo, pueden visitarla.

PIRKKO MILLER
*Oak Forest, Illinois*

HACE CINCO AÑOS, en el feriado dedicado a Martín Luther King, mi hijo tuvo un horrible accidente. No se esperaba que viviera y, si lo hacía, sería en estado vegetativo. Estaba en coma después de haber sufrido la fractura del cuello y una perforación en el pulmón. Luego, para empeorar más las cosas, mientras estaba en coma contrajo neumonía. Su médico nos dijo: "No esperen milagros. Pensamos que su hijo tiene lesiones cerebrales extensas. La recuperación, si se produce, va a ser muy, muy lenta. Va a pasar mucho tiempo antes de que veamos alguna mejora."

Mi hijo estaba en la unidad de cuidado intensivo. Al lado de ésta, había una pequeña habitación donde mi marido y yo permanecíamos porque no nos era permitido estar con nuestro hijo constantemente. Había un aparato de televisión en esta habitación pero nosotros no podíamos realmente concentrar nuestra atención en ningún programa porque estábamos tan afligidos. De repente, emitieron un programa sobre la Santísima Madre y sus apariciones en una pequeña aldea de Yugoslavia. Yo nunca me había sentido particularmente cerca de la madona, pero fui atraída por ese programa y, mientras lo miraba, sentí que una gran sensación de paz me sobrecogía, cosa que de ninguna manera esperaba experimentar dadas las circunstancias.

Después del programa de televisión, mi marido

y yo fuimos a ver a nuestro hijo. Sus ojos se entreabrieron y me pareció que me sonreía. Yo estaba segura de estar imaginando esto porque él estaba todavía semi-inconsciente, pero sentí que brillaba un rayo de esperanza y que él, a lo mejor, no estaba totalmente perdido para nosotros.

Unos pocos días más tarde, una vecina nos trajo unas cuentas de rosario que un amigo de ella había traído de Medjugorje, el pueblo de Yugoslavia que nosotros habíamos visto en la televisión. Ella había oído lo que le había sucedido a nuestro hijo y había querido que de inmediato yo tuviera las cuentas del rosario. Aunque yo no mantenía una devoción activa por la Santísima Madre, en circunstancias como las que yo padecía, me sentía tan impotente que acepté las cuentas y comencé a rezar. ¡Voy a estar siempre agradecida por haberlo hecho! De la misma forma que aconteció mientras yo miraba el programa de televisión, una tremenda paz me sobrecogió cuando comencé a rezar. Yo había estado dominada por la angustia y de repente sentí que la Santísima Madre había venido a ayudarnos.

Mi hijo salió del coma luego de doce días y estuvo de vuelta en nuestro hogar al mes. Confundió a los doctores alcanzando una recuperación completa—no tuvo lesiones cerebrales ni efectos duraderos del accidente. Yo le agradezco a Dios y a la Virgen María por ello. Esa paz que yo sentí era un signo de ella. Estaba tratando de decirme que mi hijo se iba a mejorar. La recuperación milagrosa de mi hijo, yo estoy firmemente convencida, sucedió porque la Virgen María oyó mis plegarias y le pidió a Dios que curara a mi hijo.

FLORENCE PLACONA
*Staten Island, Nueva York*

HAY UNA HISTORIA de la Madona que me gusta particularmente. Es del año 1600. Parece que el Lago Titicaca, en el límite entre Perú y Bolivia, de repente comenzó a crecer, a desbordarse e inundar los campos inmediatos. Un santero de Copacabana tuvo un sueño en el que la Virgen María se le aparecía y le decía: "Si haces una imagen mía y la pones mirando al lago, voy a hacer que deje de crecer." En aquellos días las imágenes sagradas eran esculpidas en madera, así que, desde la mañana siguiente, el hombre trabajó afiebradamente para crear la Virgen de la Candelaria, como se la conoce ahora. Cuando hubo terminado, la llevó al lago y se dice que las aguas bajaron.

Yo he visitado su santuario en Copacabana, Bolivia, donde todos los años se realiza un magnífico festival primaveral en su honor. La gente en América Latina ama las procesiones, así que cada primavera sacan una copia de la imagen original y la llevan en procesión por el pueblo para que sea saludada por la gente en celebración. La imagen original aún existe erigida sobre un pedestal situado junto a una ventana de la iglesia, desde donde ella mira hacia el lago. La gente no osa moverla por miedo que si alguna vez se va, el lago volverá a crecer.

Tengo varias imágenes de la Virgen de la Candelaria en un altar para plegarias en mi dormitorio como recuerdo de aquel lugar sagrado, pero la María a quien yo me siento más atraída es la Madona Negra.

Cuando yo tenía treinta y ocho años, un recuerdo que yo había reprimido durante años resurgió. Recordé haber sido violada por un amigo de mi madre después del divorcio de mis padres. Es difícil describir la profundidad de mi depresión al volver estos recuerdos. En esa época, yo me había sentido atraída hacia las lecturas sobre Inanna, la diosa de Sumaria que descendió al mundo inferior. Su historia me afectó profundamente y, aunque no hice ningún paralelo con mi vida, sentí una afinidad fuera de lo común respecto a su experiencia. El *Libro de Inanna* es una de las historias más antiguas que se hayan encontrado en forma de libro y es parte de la épica de Gilgamesh.

Durante este período, yo estaba perpleja y dudaba de mí misma. Pensaba que si había sido capaz de esconder esos recuerdos de violación durante tantos años ¿qué otras cosas podía estar escondiendo? ¿De qué otras maneras me había engañado a mí misma? Puse todo mi sentido de percepción en duda, lo que me llenó de terror. Fue entonces que la Madona Negra entró en mi vida y se convirtió en una figura verdaderamente poderosa e importante para mí.

La Madona Negra conoce esa parte de sí misma que está en la oscuridad. Debido a que ella se anima a reconocer su parte oscura, ella posee una rara sabiduría. Así es como llegué a conectarla con Inanna, quien descendió al mundo inferior donde la mataron y volvió a nacer. Cuando ella regresó, tenía dentro suyo una profundidad que nadie más tenía en el mundo superior porque nadie había tenido la experiencia que ella había tenido. Esta alegoría adquirió un significado particularmente importante en mi propia curación emocional y espiritual.

En diciembre de 1994, yo participé en una terapia a través de un taller artístico. El trabajo final fue que cada uno construyera un retablo que proviniera de un lugar sagrado dentro de uno mismo. Yo soy una jardinera, voy a la escuela en horario completo y tengo un hijo, así que aunque yo tenía toda una semana para hacer el retablo, el tiempo no me era suficiente. Yo deseaba que mi retablo fuera realmente profundo y muy decorado, pero por estar tan ocupada no pude conseguir los materiales que quería utilizar. A último momento, terminé juntando todas las cosas que tenía en la casa, tales como una cruz ortodoxa, flores, conchas de mar, cintas, columnas griegas y, para el centro, una postal de la Madona Negra de Jamaica.

Lo raro de esta imagen es que tiene cicatrices en el cuerpo y en la cara, lo que es muy raro en María. Una amiga me explicó que las cicatrices eran de las heridas que la diosa de Jamaica había sufrido en las manos de la cristiandad.

Yo sentí que, considerando todo el tiempo que yo había permanecido en un estado de trauma, la creación de este retablo con la Madona Negra como su centro parecía particularmente apropiado. Luego se convirtió en un símbolo de curación para mí y llegué a tener una relación con ella que se ha tornado más personal y muy poderosa. Ella me ha enseñado a llevar las cicatrices de mis heridas con orgullo porque ellas me han hecho lo que soy.

El retablo, que ahora está ubicado sobre mi altar de plegarias en mi dormitorio, me ha dado mucho poder. Las heridas no han desaparecido, pero sí ha cambiado la forma en que yo me percibo a mí misma. Ahora puedo abrazar mi propio pasado oscuro y conscientemente elegir vivir con ese conocimiento a plena luz. Yo puedo mirar a los ojos a la Madona Negra hoy y no ver su dolor sino la belleza de su aceptación. Las cicatrices no son ahora lo primero que yo veo en ella. Es la profundidad de su sabiduría y conocimiento lo que es tan especial para mí.

A través de la interacción de la Madona Negra con mi vida, finalmente puedo decir: "Basta de dolor, basta de heridas. Se acabó, terminé con lo que me dañaba. Soy perfecta de la manera que soy, y eso no quiere decir que no cometo errores. Significa que mi humanidad y hasta mis errores son perfectos."

Yo creo que esta lección es especialmente crítica cuando uno trata de aprender de sus propios errores y seguir adelante en lugar de desmoronarse bajo el peso de ellos. La luz que brilla en los ojos de la Virgen me dice: "No puedes negar que yo existo como una Virgen Negra. No puedes negar que el lado negro de la Virgen está aquí. Yo siempre he estado aquí y nunca me voy a ir, pero si me abrazas, curaré tus cicatrices." Y lo ha hecho al enseñarme la belleza de aceptar quien soy yo, con mi lado oscuro y mi lado claro.

CARLA CURIO
*Santa Fe, Nuevo México*

HACE DIEZ AÑOS Jesús me mostró que debía ponerme al servicio de Dios y que podría hacer esto curando con mis manos. Como yo estaba acostumbrada a ser guiada por Jesús, su mensaje no me pareció extraño. Pero luego, dos años más tarde, cuando yo me encontraba atendiendo a una cliente en el centro de curaciones donde tengo mi consultorio, algo realmente extraordinario ocurrió.

Yo estaba trabajando en el corazón de esta mujer. Estábamos en una habitación pequeña y, como había sucedido en el pasado, yo tuve la visión que Jesús estaba conmigo. Cuando Él me mostró por primera vez cómo yo podría estar al servicio de Nuestro Señor, me aseguró que Él me enseñaría y me guiaría. Por lo tanto, tener una visión de Él mientras yo estaba con una cliente no era algo tan raro. Lo que sí fue extraño es que mientras mi cliente estaba sobre la mesa de masajes, yo sentí, mientras meditaba profundamente, unas manos sobre mí.

Levanté los ojos y vi una mujer de increíble belleza. No la reconocí inmediatamente porque yo no estaba preparada, pero en unos pocos segundos su belleza y sus ropas blancas con un cinturón de oro me indicaron de quien se trataba. Su cabello era castaño oscuro y sus ojos eran del mismo color y su cara en forma de corazón era muy dulce. ¡Había tanta bondad y paz allí! Ella me sonrió cuando la miré y en ese momento la reconocí. Yo entendía que María estaba con nosotros como nuestra Madre, pero no sabía qué pensar porque la mujer a quien estaba tratando acababa de alejarse de la iglesia. Yo no sabía si ella iba a ser capaz de percibir lo que yo estaba viendo pero quería probar—en el entendimiento de que se trataba de una bendición tan especial.

"Abre tu corazón y tu mente para recibir a quien está aquí presente con nosotras," dije, "porque este don que nos es dado es muy precioso." Cuando le pregunté si veía algo, su respuesta me dejó completamente asombrada, pero aprendí una buena lección. ¡Me dijo que veía una imagen de una mujer japonesa y una jefa indígena americana alta! ¡Allí estaba yo con mis ojos en Nuestra Santísima Madre y su Hijo, y esta mujer veía una japonesa y una india norteamericana! Decir que yo estaba pasmada es poco. Entonces María me habló y con una sonrisa de comprensión simplemente me dijo: "Venimos a las personas de maneras que ellas puedan entender. Al final lo que importa es que ellas abran sus corazones a Dios, y no la forma cómo nos aparecemos." ¡Por supuesto! No importaba lo que una persona viera; lo importante era que esa persona volviera a Dios.

En octubre de 1988, aunque no tenía la más mínima intención de ir a Medjugorje, me encontré viajando en esa dirección—pero, créanme, lo que me guió allí lo hizo con la misma firmeza de lo que me llevó a curar.

Yo había estado recibiendo una llamada interior empujándome hacia el lugar donde la Santísima Madre ha estado haciendo apariciones desde 1981, pero como no quería ir a Yugoslavia, simplemente la ignoraba. Un día, mientras me encontraba caminando por la calle, oí que una mujer que hablaba desde un teléfono público decía: "Oh, sí, vamos a hacer nuestro segundo viaje a Medjugorje." Esta vez no podía ignorar que se trataba de un signo. Esperé que la señora terminara su llamada. Me presenté y comenzamos a conversar—¡y cinco días más tarde mi marido y yo estábamos en un avión con destino a Medjugorje!

Hasta el día de hoy estoy convencida que yo era la única no católica allí. Yo era tan inocente que cuando compré un rosario ¡pensé que tenía que usarlo colgado del cuello! A pesar de mi ignorancia se trató de un viaje verdaderamente perfecto. Mi marido y yo con gran esfuerzo subimos al Monte de las Apariciones. Yo estaba llena de amor y admiración ante el espectáculo de tanta gente vieja y enferma que subía a la montaña para honrar a María.

Cuando llegamos a la cima, me senté a meditar y allí fue cuando sentí el aroma. El perfume a rosas me llegó como una ola, un olor tan penetrante que le pregunté a mi marido si lo percibía, pero él me dijo que no. Otras personas a mi alrededor me escucharon, sin embargo, y una de ellas dijo: "Ese es su aroma. El perfume a rosas significa que ella ha venido para tí."

Yo me sentí tremendamente afortunada de haber tenido esta experiencia, y cuando regresé a casa comenzaron mis lecciones reales con María.

Aprendí sobre el sustento que da la Divina Madre y cuán sagrada es la energía con que cura y nos guía. No debemos malgastarla, o peor aún, abusar de ella. En ese momento particular de mi vida me encontraba mucho más ocupada de lo que debería haber estado. Tenía un trabajo de tiempo completo como camarera de avión, tenía mi consultorio de curaciones y también facilitaba la realización de talleres en el Instituto Robert Monroe de Faber, Virginia.

Yo pensaba que podía seguir así para siempre, pero, por supuesto, ello no iba a ser posible. Me vino un dolor en la cadera tan terrible que casi no podía caminar y tuve que pasar los siguientes tres meses en la cama. Nadie podía encontrar nada malo en mí, físicamente, como no fuera que padecía de un caso extremo de cansancio. Yo determiné que se trataba de parte de la transformación espiritual que estaba ocurriendo dentro de mí desde que había regresado de Medjugorje.

María y Jesús continuaron apareciéndoseme, con un amor y una sabiduría que me alentaban y confortaban y me hacían querer ponerme buena, así podía continuar sirviendo a Dios. Durante este período de gestación espiritual, crecimiento y cambio, aprendí muchas lecciones importantes: me fue enseñado que yo soy, como somos todos nosotros, el amor de Dios que vive en forma humana por la alegría de tal experiencia. Jesús hizo eso—Él fue capaz de manifestar el amor en la forma humana, y ésa es una de las cosas que Él y María están aquí para mostrarnos.

María está muy presente en el planeta actualmente, ayudando a la gente a recordar quiénes son y que deben vivir con tanto amor como puedan. Realmente podemos vivir el cielo en la tierra y podemos caminar con Dios como era la intención original. Yo siento un amor tremendo por María y ella representa para mí la Madre Dios, así como Jesús es el Padre Dios. Ellos son los padres del planeta y están aquí para todos—en muchas formas.

Esta es realmente una de las mayores lecciones que he aprendido de ellos. Una vez tuve la visión que yo estaba profundamente relacionada con Madame Pele, la diosa del fuego que creó Hawai. En verdad tengo una marca de nacimiento en la base de mi columna, sobre la primera *chakra*—el hueso sagrado—que tiene la forma exacta de la isla Maui, y es roja, su color. Yo creo que Madame Pele es la María de la cultura hawaiana, y que Mauia, su hijo, es el Jesús de su cultura. Similarmente, existe una tradición de la Madona Negra en la cristiandad y del Cristo Negro de la tribu Masai de África.

Una vez yo fui tratada por una *kahuna* y ella me dió una clase de terapia de masaje fuertemente físico. De inmediato empecé a tener visiones. Esta terapista también había estudiado durante un año con hombres santos entre los indios norteamericanos, así que ella sabía mucho sobre su cultura y tradiciones. Le describí mi visión y ella trabajó sobre mí. Había un círculo de rocas blancas con una tienda indígena en el centro. La abertura de la tienda daba hacia el este. Una mujer joven vestida con una piel de cabra blanca con unos flecos salió y comenzó a caminar alrededor de la tienda siguiendo el movimiento del reloj. Desaparecía detrás de la tienda hacia la derecha y luego reaparecía del otro lado. Sostenía un atado de plumas blancas de águila en sus brazos. Ella lo dejó en el extremo sudeste del círculo y luego se agachó para encenderlas. El humo llenó mi visión y no pude ver nada hasta que surgió el hornillo de una pipa, desde el oeste con su otro extremo señalando al este. Ambos eran blancos y el hornillo parecía estar hecho de una clase de jade blanco, mientras que el extremo era de madera. Las dos partes se empezaron a acercar y luego se juntaron, y cuando se unieron, el humo comenzó a salir de la pipa. Le dije que el mensaje que yo intuía era que pronto oriente y occidente se iban a unir e iba a haber paz.

Luego me enteré de que la mujer que yo había visto era la Mujer Becerro de Búfalo, tan parecida a

María—joven, sin edad, hermosa y la conductora del pueblo hacia Dios a través de la plegaria y la devoción.

Una vez estaba meditando frente a la rueda medicinal de los indios norteamericanos cuando vi a Madame Pele y todo su fuego calcinó el centro de la rueda. Luego se me apareció la Mujer Becerro de Búfalo y la Mujer Cristal—y luego María. Fue María quien dijo: "Somos una. No hay separación. Somos la Madre Energía de todo lo que existe."

Ellas están aquí para ayudarnos, guiarnos con sabiduría celestial hacia un amor más elevado.

SUSAN CORD
*Redondo Beach, California*

DURANTE BASTANTE tiempo padecí de un dolor terrible en mi espalda y piernas, especialmente en mis rodillas. Por las noches, sobre todo, era insoportable con unas puntadas tan agudas que era afortunada si podía dormir durante tres horas. Nada me ayudaba, ni los calmantes ni las píldoras para dormir. Caminar o sentarme con las piernas para arriba no servía, no había alivio para mi constante dolor.

Luego de una serie de revisiones por un especialista tras otro, se llegó a la conclusión que debían operarme y reemplazar completamente ambas rodillas. Se me indicó que comenzara a usar bastón y que caminara con mucho cuidado. Esto tuvo lugar en diciembre de 1991 y el cirujano ortopédico fijó fecha para la operación luego del Año Nuevo. Antes de operar, sin embargo, él quiso que yo donara sangre para mi cirujía, ya que él sólo utilizaba la sangre del propio paciente en el caso de que hiciera falta una transfusión.

Yo no estaba muy contenta ante la perspectiva de ser operada. Primero, yo tenía más de setenta años, y veinte años antes, cuando yo tenía cincuenta y cuatro años, había tenido una experiencia horrible durante una operación menor—y el reemplazo de las rodillas no era para nada cirujía menor. Lo que pasó aquella vez fue que, la noche antes de la operación, yo tuve la premonición que no iba a salir viva de la sala de operaciones. Mis temores fueron tan fuertes que tuvieron que llamar al doctor para que me asegurara que no sería así y, finalmente, decidí aceptar que se siguiera adelante con el procedimiento.

Mi corazón se detuvo en la mesa de operaciones. Tuve una experiencia de haber salido de mi cuerpo, lo que recuerdo perfectamente. El doctor luego me dijo que le llevó bastante tiempo revivirme y que la experiencia le había enseñado a nunca más operar a un paciente que hubiera tenido una premonición como la que yo había tenido. Todo esto volvió a mi memoria mientras pensaba en las seis horas de cirujía de mi rodilla. Recé y recé para que sucediera un milagro, así no tenía que soportar el temible procedimiento.

Fue en esos días que me enteré de la existencia de esta mujer, Nancy Fowler, quien hablaba con la Santísima Madre todos los meses cuando ella se le aparecía en Conyers, Georgia. Yo estaba segura que si visitaba el lugar de las apariciones no iba a necesitar la operación. En lo más profundo de mi cansado corazón yo sabía eso. Estaba tan convencida que le dije a la gente que iba a seguir adelante con mis donaciones de sangre para hacerle caso al médico, pero que no la iba a necesitar porque no habría una operación.

Encontré un grupo de viajeros quienes habían alquilado un ómnibus desde Deerfield Beach hasta Conyers, del 12 de marzo hasta el 14, e hice mi reserva. Luego convencí al doctor de que pospusiera la operación hasta mi regreso. Yo estaba encantada que el viaje había sido planeado para marzo porque el 21 de marzo es mi cumpleaños y ello me pareció de buen augurio.

El ómnibus debía partir a las siete de la mañana, así que me levanté temprano para ir en mi auto desde mi casa en Fort Lauderdale hasta Deerfield Beach, contemplando dejar un poco de tiempo libre. Llegué a la iglesia de San Ambrosio, el lugar de encuentro, a las seis y media, y a medida que el tiempo pasaba ¡ningún otro automóvil u ómnibus se presentó! El corazón me dolía de pena, así que entré en la capilla para pedirle consejo a la Santísima Madre.

Exactamente a las siete en punto, una mujer vino a la capilla y me dijo que el viaje había sido cancelado. Yo le expliqué que para mí era vital llegar a Conyers al día siguiente porque el mío había sido uno de los pocos nombres escogidos para permitirme entrar en la habitación de las apariciones durante la visita de la

Santísima Virgen. Esta señora, Bessie McCoy, fue muy buena y comprensiva. Ella sugirió que yo esperara hasta después de la misa de las siete y media antes de hacer nada. Recé fervientemente durante la misa pidiéndole a Dios que me ayudara a llegar a Conyers.

Yo no solamente necesitaba un vehículo para viajar sino también compañía. Le pedí a Bessie, pero ella no podía ir, y entonces ella me presentó a una mujer encantadora llamada Mandy, quien tampoco podía. Sin embargo, Mandy me llevó a un grupo de plegaria de Boca Ratón donde ella pensaba que era posible que yo encontrara a alguien con quien ir.

Había como unas veinte personas reunidas, rezando y leyendo las sagradas escrituras. Mandy me presentó y explicó mi situación y una mujer suma-mente dulce llamada Denise se ofreció a llevarme en ese mismo instante. ¡Yo estaba contentísima!

Eran las diez y media de la mañana, y yo ya había estado con la gente más hermosa y generosa que nunca había tenido el privilegio de conocer. Una señora se ofreció ir a la AAA en Del Ray para conseguir un mapa y direcciones para el viaje. Otra fue a una rotisería local para asegurarse que Denise y yo comiéramos bien antes de partir. Otra le dió a Denise suéteres y otras ropas porque se suponía que hacía frío en Conyers y aunque ella se había ido corriendo a su casa a empacar una maleta, se había olvidado de poner ropa abrigada.

Finalmente, poco después de la una de la tarde, estábamos de viaje. Dios ciertamente había oído mis plegarias pidiéndole que me llevara a Conyers ¡y su respuesta había sido enviarme tantos nuevos amigos!

Había cientos de automóviles y cantidades de ómnibuses en el estacionamiento. Afortunadamente mi permiso para estacionar en los lugares destinados a inválidos nos permitió a Denise y a mí dejar el automóvil bastante cerca de la casa de la vidente, así que no tuve que caminar mucho. Vimos que la gente provenía de varios estados y que había reporteros de la televisión y los periódicos por todos lados.

Cuando me aproximé a la rampa que llevaba a la casa, un señor me dijo que esperara porque había habido alguna clase de problema y no era posible que yo entrara a la habitación de las apariciones todavía, aunque ya era la hora fijada para ello. Yo me senté, esperando y observando que a mucha gente se le decía amablemente que tendrían que volver el mes siguiente. Resultó que la lista de las personas que podían estar en la habitación con Nancy Fowler incluía treinta y un nombres, pero la cantidad no podía ser mayor de veintitrés. Ser una elegida dentro de un grupo tan pequeño fue otra de las bendiciones que Dios me concedió en este viaje.

A las doce menos cinco, la vidente, Nancy Fowler, entró en la habitación. Es tan difícil expresar lo que vi, es algo tan sorprendente. Vi a la Santísima Madre descender a través del cielo raso y flotar hacia la estatua de Nuestra Amantísima Madre que estaba en la parte anterior de la habitación. Una luz brillante y blanca iluminó totalmente la estatua y pude sentir la presencia y Gloria de la Santa Virgen en aquella habitación. Las lágrimás me rodaban por las mejillas sin que yo me preocupara y luego sentí como si una vara caliente me atravesara el corazón, llenándome con el más increíble calor. ¡Yo supe que en ese preciso instante estaba siendo curada!

La Santísima Madre permaneció en esa habitación durante más de dos horas y cuando volvió a ascender a los cielos yo vi la luz brillante y blanca subir y traspasar el cielo raso. A mi alrededor, en una Babel de idiomas diferentes, la gente rezaba para darle las gracias por las bendiciones que acababan de recibir. Verdaderamente, nunca he experimentado algo tan hermoso en toda mi vida.

Regresé a Florida como flotando en una nube— ¡y he seguido flotando desde entonces! Vivo sin el más mínimo dolor, no tomo pastillas, no necesito operarme—y duermo como un bebé.

En mayo pasado regresé a Conyers para darle las gracias a la Santísima Madre. Decidí dejar allí mi bastón—que ya nunca más uso — en testimonio de mi curación. Tengan esperanza y fe en la Santísima Madre, sin importar cuán viejos son, sin importar cuán desesperada pueda ser su situación. Yo la amo tanto y quisiera que todos la amaran así.

CARMEL CORRELL
*Fort Lauderdale, Florida*

## JOE

AUNQUE EN ESE momento no me di cuenta, todo empezó realmente en julio de 1986, durante la primera noche de nuestras vacaciones. Estábamos durmiendo cuando me desperté de repente, sintiendo náusea. Fui al baño, pero nada pasó y la náusea se fue. Atribuí el malestar al viaje en avión y me volví a dormir. Me sentí bien durante el resto de las vacaciones así que nunca más pensé en el incidente.

En octubre del mismo año fuimos a Medjugorje, Yugoslavia, un viaje que veníamos planeando desde hacía meses. Pasó lo mismo: la primera noche me desperté con náusea; fui al baño y nada. Una vez más Cathy y yo nos dijimos que era sólo una reacción de mi cuerpo a un viaje largo en avión.

Pero cuando los ataques de náusea durante la noche se hicieron más frecuentes después de nuestro regreso a casa, no había manera de seguirlos explicando como malestares de viaje. Tiempo después comencé a vomitar continuamente; allí fue cuando Cathy y yo nos dimos cuenta que tenía que consultar un doctor. Se me hizo un examen completo luego que mencioné los dos incidentes ocurridos en Europa y la posterior escalación de los problemas al volver a casa. Sin disimular su preocupación mientras me palpaba el abdomen, el doctor terminó por aconsejarme que me hiciera una serie de radiografías.

Unos pocos días más tarde fui a hacerme las pruebas y hasta el día de hoy Cathy y yo podemos escuchar las palabras del doctor como si las estuviera diciendo ahora y no años atrás; son palabras que nunca, nunca vamos a olvidar. "Usted tiene una enorme masa en el abdomen," dijo, recomendando más pruebas. Los siguientes exámenes llevaron a la misma conclusión: yo tenía un tumor de como veinticinco centímetros de ancho y bastantes más de largo.

Poco después de esto llegó la Navidad. Esta fue una época increíble para mi, Cathy, y nuestros siete hijos. Mi operación estaba fijada para poco después del Año Nuevo y, con la posibilidad de tener cáncer y su amenaza mortal siempre presente en nuestras mentes, nuestra familia apreció el verdadero significado de la fiesta navideña mucho mejor que nunca antes, valorando los dones de la vida y del amor que sentíamos mucho más que cualquier otro regalo material.

El 6 de enero, Día de Reyes, la fiesta de la Epifanía, el tumor que pesaba más de cuatro kilos fue extraído en una operación. El diagnóstico fue que era un tumor maligno. La posibilidad de cáncer era ahora una realidad.

Hace muchos años Cathy y yo asistimos a un fin de semana de Encuentro Matrimonial y desde entonces todos los días dedicamos tiempo a escribir sobre el amor que nos tenemos y luego hablamos sobre lo que hemos escrito. A esto lo llamamos nuestro diálogo diario, y ese diálogo incluye siempre un rezo. Esta es una parte importante de nuestra tradición matrimonial, algo que nos ha dado una enorme cantidad de paz y consuelo. Durante mi estada en el hospital continuamos haciéndolo sin perder un solo día de diálogo o tiempo para orar, y fue a través de este ritual que Cathy y yo tuvimos la fortaleza de enfrentar el cáncer y lo que ello significaba para nuestras vidas. También decidimos que yo no iba a aceptar ningún tratamiento médico o terapia química. El amor y los rezos iban a ser nuestra ayuda y salvación.

## CATHY

NO HAY PALABRAS que puedan describir los días en el hospital durante y después de la operación de Joe. Cuando me dijeron que el tumor era maligno fue como si la vida se me escapara del cuerpo y yo caí en un infierno de dolor que me dejó sin esperanza, insensible. Parecía estar anestesiada, vacía y, lo que es peor, me sentía incapaz de cambiar nada. Durante las largas y aterradoras horas que pasé al lado de Joe, siempre estuve rodeada de parientes cariñosos y buenos amigos. En cierta forma, ésta fue la experiencia más profunda y memorable de la iglesia que yo haya tenido. El padre Meyer y mis amigos de la iglesia me alimentaron, durmieron a mi lado, cuidaron mis hijos y rezaron por y con nosotros. Con todo lo aterradora que era la experiencia, me dieron fuerzas para seguir adelante. El día más trágico, mientras yo estaba sentada al lado de la cama de Joe, rezando, miré el crucifijo que estaba en la cabecera y le pedí a Jesús que muriera de nuevo, esta vez sólo por Joe. Aunque esto suene como algo inmerecido, yo creo que los siguientes días demostraron que mi plegaria fue escuchada.

En un momento dado el cirujano me dijo que iban a tener que sacar cada uno de los órganos que el tumor había tocado, pero al final resultó que sólo el tumor—o gran parte de él—fue extraído. Como una libra de tumor tuvo que quedar dentro del cuerpo de Joe porque esa porción estaba lindando con su riñón derecho y también le había comprometido los músculos de la espalda y si se intentaba sacarlo se arriesgaba dejarlo paralítico. Una parte de él también había envuelto la vena cava y la aorta, la vena y arteria principales del corazón. Sacar el tumor de estos lugares tan frágiles era más peligroso que el tumor mismo.

Al día siguiente de la operación de Joe, cuando yo veía mi vida como un interminable pánico, recibí una llamada de Frank y Nives Jelich de Kansas, quienes habían sido nuestros guías del viaje a Medjugorje en el otoño. Ellos me contaron que habían recibido para Navidad unas pinturas sagradas enviadas por Marija, una de las videntes de Medjugorje. Estas pinturas habían sido bendecidas por la Virgen María durante una de sus apariciones y los Jelich nos mandaron una que llegó dos días después. Era una hermosa imagen de Nuestra Señora con el Niño Jesús que vino acompañada de una nota que decía que iban a rezar muchos rosarios por nuestras intenciones. La diferencia en mí, entre antes y después de mirar esas imágenes, es de haber pasado de la derrota a la esperanza.

La vida y la esperanza volvieron a mí como llega la primera luz del alba después de la oscuridad de la noche. Yo supe que mi amor por Joe era lo suficientemente fuerte como para ahuyentar todos los miedos, aún el miedo que inspira el cáncer. Durante los días y semanas que siguieron, el doctor predijo más problemas y, sin embargo, cada vez que un nuevo problema amenazaba, Joe y yo rezábamos juntos y la amenaza desaparecía. No hubo infecciones ni fiebre alta. El desequilibrio químico en su sangre acabó. Increíblemente, Joe regresó a casa conmigo y los niños quince días después de su operación. El doctor lo consideró una recuperación asombrosa, pero nos previno que Joe no estaba curado y que el cáncer volvería. "El tumor va a volver a crecer," fue su pronóstico. Pero yo recordé mi plegaria a Jesús y eso me dió fuerzas.

Cada día juntos en casa fue como un don divino para nosotros. En casa tenemos un dicho: "Nosotros ponemos todos los huevos en una canasta y le entregamos la canasta a Dios." Sabíamos que Jesús ha dicho: "Lo que pidáis a Dios Padre en mi nombre os será concedido," y "Yo he venido para que viváis la vida plenamente." Esas palabras, y nuestra fe y creencia total en lo que prometen, fueron nuestra salvación, fortaleciéndonos con la esperanza de que Jesús podía hacer que el cáncer no volviera.

Un día, durante la convalescencia de Joe en casa, yo recordé algo de nuestro viaje a Medjugorje. Mientras estábamos allí yo había llevado un rosario especial alrededor del cuello. Dos días antes de regresar, estuvimos en el prado de la Iglesia de Santiago practicando cantos para la misa en inglés del día siguiente. La temperatura era deliciosamente templada para octubre, así que me saqué el suéter y el rosario cayó. Nunca más volví a ver ese rosario. Cuando recordé esto me dió gran consuelo pensar que una parte importante de nosotros había quedado en ese lugar sagrado.

Durante todo este tiempo tratamos de vivir el mensaje de María de orar, ayunar y rezar el rosario. Cada vez que yo rezaba el rosario, tenía una visión de María, quien se nos acercaba a Joe y a mí a través de ese prado de Medjugorje—y eso me producía una sensación gloriosa. Orábamos todos los días y todas las noches, en familia, rezábamos el rosario. Tratábamos también, durante esos tiempos difíciles, de vivir el mensaje de María de tener esperanza y, aunque antes de la enfermedad de Joe, nuestra espiritualidad y amor por el otro y por nuestra familia eran enormes, ahora nos parecían más ricos, profundos, puros.

Para el Día del Padre, los niños le regalaron a Joe un cirio con una mariposa, el símbolo de la nueva vida. Una leyenda sobre el cirio decía: "Espera milagros." ¡Y los esperamos!

La operación de Joe había sido en enero y no se le iban a hacer otros estudios ni radiografías antes de julio para ver no si había vuelto a crecer el cáncer, sino dónde había crecido y qué sería conveniente hacer. La semana anterior a los exámenes fue particularmente difícil para mí a pesar de los meses de esperanza y fortalecimiento a través del amor y la oración. Yo me sentía más frágil emocionalmente que nunca. Joe y yo fuimos a una reunión donde se hizo una presentación de diapositivas con el fondo musical del tema "A través de los años" tocado por Kenny Rogers, una canción que fue especialmente conmovedora para mí ante la perspectiva de los exámenes.

Joe le había pedido a los médicos que me permitieran estar con él mientras se le hacían los estudios y yo estaba contenta de poder hacerlo, pero ello también aumentaba mi nerviosismo, por supuesto. En los días inmediatamente antes de los exámenes le pedí a Dios una señal que Joe iba a ser curado. Aunque mi fe y esperanza eran muy fuertes, sentía tanto miedo que necesitaba algo—y me fue dado. Ese mismo día, Joe estaba descansando en el patio y cuando salí al exterior lo vi como rodeado de un halo, como si los rayos del sol cayeran sobre él solamente. ¡Fue algo sorprendente, y yo supe, sin lugar a dudas, que ésa era una señal de Nuestra Señora! Dios había oído mis plegarias y me había dado una respuesta y la fortaleza que eso me dió es indescriptible.

El examen iba a comenzar a las diez de la mañana. Joe y yo fuimos primero a misa y rezamos el rosario antes de ir al hospital. Tomamos la comunión juntos y cuando nos dimos vuelta para regresar a nuestros asientos sucedió una cosa extraordinaria. Jesús vino y se paró a mi lado y me dijo: "Cathy, cuando a Joe le hagan esos exámenes hoy, lo que van a ver va a ser mi cuerpo y mi sangre." Nunca en mi vida me había sentido tan henchida de felicidad. Tenía plena confianza. Me sentía redimida y segura, sin temor a nada.

## JOE

HABÍA DÍAS, mientras esperábamos los resultados de los exámenes, en que yo me preguntaba si había tomado la decisión correcta al no querer tratamiento médico luego de la operación. Los médicos me habían dicho que había una posibilidad de que con medicinas y terapia química se pudiera retardar el crecimiento del cáncer unos meses más, y desde entonces debo admitir que había momentos en que el miedo de tener este cáncer creciendo rampante por todo mi cuerpo sin estar defendido por ninguna medicación me hacía pensar que éramos unos tontos. Unos amigos nos habían dicho que la fe y el miedo no pueden coexistir ¡y Cathy y yo ciertamente descubrimos que esto era verdad!

Un día, sin embargo, mientras yo estaba conduciendo mi automóvil, de repente sentí que me sobrecogía un sentimiento de auténtica alegría. Era un sentimiento tan profundo que comencé a sonreír mientras conducía. Y luego, de muy adentro mío, oí estas palabras: "No te preocupes por los resultados del examen. Ellos son sólo una distracción de lo que necesitamos hacer. Yo me ocuparé de ellos. Tenemos demasiado por hacer para dejarnos distraer por esto."

En ese instante toda clase de ideas comenzaron a pasar por mi mente sobre cómo Cathy y yo podíamos ayudar a otros a enriquecer sus matrimonios. Para eso era que éramos necesarios, eso era lo que debíamos hacer.

Cathy y yo habíamos hecho planes a comienzos del año para regresar a Medjugorje, convencidos que Nuestra Señora nos estaba pidiendo que volviéramos. Todavía no habíamos recibido los resultados de los exámenes, aunque habían pasado varias semanas desde que habían sido tomados y nosotros debíamos salir para Yugoslavia al día siguiente. Decidimos llamar al doctor, ya que era importante para nosotros saber si nuestras plegarias en Medjugorje serían de súplica o agradecimiento.

El doctor dijo que le había llevado tanto tiempo darnos los resultados porque los había enviado a varios otros doctores y había estado esperando sus opiniones. Finalmente las había recibido. Nos dijo que no había nuevos tumores y que no había nada en los análisis de sangre que fuera anormal. ¡Y luego dijo que el resto del tumor que me había dejado dentro había desaparecido! Sólo había una mancha de un centímetro sobre el riñón derecho que parecía ser todo lo que quedaba de él.

"Pareciera que se ha producido un milagro," le dije.

"Me alegra que haya sido usted quien dijera esto porque yo no me atrevía a decirlo," contestó. Y cuando yo repetí que era un milagro, el doctor, un hombre de ciencia y hechos concretos dijo: "¡No puedo negar eso!"

\*    \*    \*

Cathy continúa rezando por mí todas las noches antes de irse a dormir. Ella me bendice con agua de Medjugorje y hace la señal de la cruz sobre mi abdomen con tierra que trajimos de allí. Nunca olvidaremos que mientras yo estaba en cuidado intensivo después de mi operación, la vidente, Marija, me llevó espiritualmente a la habitación donde se le apareció María y le pidió que intercediera por mí para que yo fuera curado. Tampoco olvidaremos que durante nuestra primera visita a Medjugorje, antes de saber que yo tenía cáncer, nos fue permitido entrar en la habitación de las apariciones y orar allí solos—y que rezamos juntos para que la voluntad de Dios fuera cumplida.

En agosto de 1987, después que nos dieron los resultados de los exámenes, regresamos a Medjugorje, esta vez con nuestro hijo Chip y con nuestro pastor, y todos ofrecimos plegarias en acción de gracias. En 1988, para Navidad, mandamos una tarjeta a los sacerdotes de la Iglesia de Santiago en Medjugorje, junto con dos artículos que Cathy y yo escribimos para la *Revista Matrimonio* sobre mi curación y sobre cómo había crecido nuestra fe durante la prueba difícil.

Unos meses más tarde, recibimos una carta del padre Slavko Barbaric pidiendo copias de mi historia clínica y un relato sobre la parte que nosotros creíamos había tenido Medjugorje en mi curación. Existe un formulario para la documentación de todos los posibles milagros de Nuestra Señora de Medjugorje y lo llenamos y se lo mandamos junto con todos los documentos que teníamos.

Tres años después de nuestro primer viaje, volvimos a ir. Llevamos con nosotros los últimos resultados de mis análisis para actualizar la información existente allí. Estuvimos con el padre Barbaric y buscamos mi nombre en el enorme libro. En él figuramos como el caso 353 de "posibles" milagros que un día podrán ser atribuidos a Nuestra Señora. Para Cathy y para mí no hay dudas. Vamos a tener siempre la certeza que ella nos concedió el don de ser milagrosamente curado en cuerpo y renovara la fe en nuestro amor y el propósito para el que fuimos puestos en la tierra.

JOSEPH AND CATHY ROMANO
*Paradise Valley, Arizona*

SOY UN SACERDOTE de un monasterio ortodoxo ruso muy pequeño en Nuevo México, tan pequeño es el monasterio que no merece tal nombre. Técnicamente somos una "célula" puesto que nunca hay más de dos o tres monjes aquí en un determinado momento, además de dos monjas que viven cerca. Somos casi desconocidos, excepto para los visitantes ocasionales, pero como toda casa santa, damos la bienvenida a los peregrinos que llegan a nuestras puertas. Y, a pesar de lo que ha acontecido dentro de nuestras cuatro paredes, evitamos la publicidad y cualquier forma de llamar la atención.

Nuestra historia comenzó hace cinco años cuando un joven monje de veinticuatro años murió aquí. Su muerte fue para mí particularmente dolorosa porque él había sido la primera persona a quien yo había convertido, la primera persona que yo había bautizado, el primer monje y luego el primer diácono de esta diminuta parroquia—y luego la primera persona en morir aquí. Sucedió que murió de neumonía doble. Antes que nadie se diera cuenta de que la había contraído, se desmayó y para cuando llegó al hospital, ya era demasiado tarde para salvarlo. Este monje había sido muy importante para mí y su muerte me perturbó profundamente.

Nueve días después de su muerte yo vine al monasterio trayendo tres iconos para dedicarlos a su memoria. Dos de ellos fueron colgados como santos. El tercero era la Madre de Dios, Nuestra Señora de Vladimir.

Mientras colgaba los iconos yo le rezaba a Nuestra Señora. Lo que pasaba era que yo me sentía como un fracasado ante la muerte del joven monje. Yo pensaba que si hubiera actuado con más rapidez o entendido sus síntomas mejor, hubiera habido una diferencia entre su vida y su muerte. Pero yo había sido incapaz de hacer nada y el sentimiento de culpa fue un peso abrumador durante esos nueve días. Le rezaba a Nuestra Señora para que me diera un signo de que mi joven monje había entrado en el cielo y que yo debía continuar con mi sacerdocio.

Como ya he dicho, el monasterio es diminuto, así que cuando comencé a percibir un perfume rico, profundo, penetrante a rosas, la intensidad del mismo me sorprendió. Miré a mi alrededor pero por supuesto que no había ni el pétalo de una rosa a la vista. Volví a mi tarea de colgar el icono, sacando el papel plástico con el cual lo había protegido para que no sufriera rasguños o se ensuciara. Hice un bollo con el plástico y lo puse en la bolsa en que había traído los iconos. De inmediato hubo una explosión poderosa de aroma, pues no hay otra forma de describir ese olor que como una explosión.

Miré a Nuestra Señora ¡y me sorprendió ver que estaba toda húmeda! Automáticamente la sequé con la manga de mi hábito y casi simultaneamente se produjo otra explosión de aroma, ese rico, dulce, inolvidable perfume a rosas. Me sentí mareado y confundido. ¿Qué estaba sucediendo?

Me volví hacia el icono y me quedé sin aliento. En el centro de nuestra diminuta iglesia hay un candelabro y su luz iluminaba la más extraordinaria visión: ¡Nuestra Señora estaba llorando! Dos enormes lágrimas brotaban de sus bellos ojos, y corrían por su linda cara.

Yo supe en ese momento que ella había respondido a mis plegarias. Mi joven monje había de veras entrado por los portales del cielo. Yo debía continuar con mi sacerdocio. Y de lo que también me di cuenta en ese momento fue de cuánto debía amar Nuestra Señora a esta pequeñísima iglesia rusa ortodoxa que comenzó a llorar aquí ¡y aún no ha dejado de llorar!

Con el tiempo, la noticia de las lágrimas de Nuestra Señora se difundió y, como ya dije, evitamos la publicidad excepto cuando las personas les relatan los milagros que aquí suceden a sus amigos y familiares. Bendecimos a todos los que vienen a ver las lágrimas de Nuestra Señora, y han habido muchas, muchas curaciones en este lugar. El sacerdote católico que mencioné fue uno de los muchos escépticos que afirmó que Nuestra Señora no podía llorar fuera de una iglesia católica grande. Aún él parecía olvidar que ella es la Madre de Dios. ¡Ella elige estar donde quiere estar!

Yo le dije a este sacerdote: "Padre, yo he estado aquí desde que este icono llegó, es decir desde hace cinco años, y he logrado que por lo menos dos mil personas volvieran a tener fe en su iglesia. Yo no los he convertido. De hecho," le dije, "hubiera sido fácil convertirlos a la fe ortodoxa rusa debido a los milagros que están aconteciendo aquí. Pero mi única misión es hacerles creer en Dios. Cuando usted ve un milagro obrado por Dios, entonces Dios se vuelve real y la gente cree en Él."

Hoy todo el mundo sabe sobre Medjugorje. ¿Pero sabe alguien que del otro lado del Monte de las Apariciones ciento veinte mil rusos ortodoxos han muerto a manos de los católicos romanos desde 1925? ¡Piensen en la coincidencia! Ella está tratando de que todos nos unamos—para demostrarnos que en el cielo no hay divisiones—que sólo en la tierra los hijos de Dios están separados y eso es lo que debemos superar. Todo el mundo está tratando de usar a la Santísima Madre como si fuera un arma ¡pero ella es la guía que cura nuestros corazones!

A través de los años, aquí las curaciones han sido gloriosas. El mismo día que ella comenzó a llorar, un señor instantáneamente se curó de cáncer de la garganta con sus lágrimas. Gente de todas las religiones ha venido para ser curada. Por ejemplo, un creyente judío se curó de alergias que lo tenían virtualmente prisionero de su propia piel. Pero luego se quejó de que no le podía decir a su gente que había sido curado en una iglesia rusa ortodoxa por las lágrimas de la Madre de Dios. Y yo le dije a él lo mismo que le dije al sacerdote católico y lo que le diré a todos: "Ella es la Madre Misericordiosa de todos nosotros."

NOMBRE NO MENCIONADO A PEDIDO DEL INTERESADO

# RELACIONES

*Si sigues sus consejos, no irás por mal camino.*
*Si le rezas, tendrás esperanza.*
*Si piensas en ella, no te irá mal.*
*Si ella te sostiene, no tropezarás.*
*Si ella te protege, no tendrás temor.*
*Si ella te guía, llegarás a la meta.*

SAN BERNARDO

MARÍA HA SIDO mi Madre en el más puro sentido de la palabra. Ella me guía, me enseña, me muestra la dirección que debo seguir. Ella también me llevó hacia la relación más importante de mi vida y ahora conozco la bendición de tener una verdadera unión espiritual.

Fue hace siete u ocho años que yo realmente comencé a sentir que mi conciencia, mi alma, se abría ante el poder de María. Fue por entonces que fui ordenada como ministra y participé en una asociación del sur de California, llamada el Ministerio de la Madona, la cual honra particularmente a las mujeres, especialmente a quienes tienen el poder de curar, y que, por supuesto, gira alrededor de la Santísima Madre María.

El mismo día de mi ordenación, al despertar, tuve una visión. María vino a mí vestida en una túnica fucsia que la cubría de la cabeza a los pies. Era absolutamente bella y emitía un fulgor increíble desde debajo de la capucha de la túnica. Se inclinó hacia mí para ofrecerme el más extraordinario ramo de rosas, cada una era de un color diferente, cada una estaba atada a una pluma diferente. Ella me explicó que las plumas estaban ligadas a los seres alados del planeta y que estos, a su vez, estaban ligados a ella a través de la rosa. Se trató de la visión más gloriosa ¡y tuvo que suceder el día de mi ordenación!

Iban a suceder muchas cosas más durante ese día especial. Un poco más tarde, esa misma mañana, mientras yo estaba meditando, vino Jesús. Él y María aparecieron juntos y Él llevaba un traje de seda salvaje, de estilo más bien asiático o hindú, con un cuello como el de los mandarines. Su cabello era largo y de color claro y tenía barba. Venían a bendecirme y darme la bienvenida.

La ceremonia tuvo lugar al aire libre, frente al océano, y mientras hacíamos los votos de servir a María, yo finalmente entendí por qué la gente realiza esta clase de ceremonia sagrada y cuán poderoso es hacer un voto de algo o para alguien en quien uno cree con todo su corazón. Así fue como me sentía ese día y cuando terminó la ceremonia le dije a mi Madre: "Ahora estoy realmente lista para contraer matrimonio."

Yo había vivido en un lugar durante más de

cuarenta años y cuando vine a California original-
mente, había sido con la idea de pasar sólo unos
pocos meses, quizás hasta después de la ordenación
durante la Navidad, pero no mucho más. En enero
me di cuenta que me iba a quedar algún tiempo, pero
no quería hacerlo.

Mi sendero aún no estaba lo suficientemente
claro, así que hice un retiro de tres días de silencio
en mi departamento. "Dios ¿qué está sucediendo?"
rezaba yo. "Estoy haciendo mi trabajo, pero no soy
feliz. Quiero saber qué es lo que se supone que yo
debo hacer, porque no hay dicha en esto y yo no
puedo vivir sin alegría. Si no estoy yendo en la
dirección esperada, por favor, indícame qué es lo
que tienes planificado para mí."

Al tercer día, la habitación se llenó de niebla.
Esto me había sucedido sólo una vez antes. Se trata
de una especie de neblina que desciende sobre mí y
mi entorno y que reconozco como el espíritu de
Cristo. Dentro de mí yo oí su voz que me decía:
"Criatura mía, los deseos de tu corazón no están
cumplidos y eso es lo que nosotros queremos por
sobre todas las cosas." María y Jesús estaban allí,
diciéndome que permitiera la entrada del amor que
yo merecía. Mi trabajo era tener el compañero
que yo necesitaba como apoyo y para gozar de la
siguiente etapa de mi desarrollo espiritual.

Bueno, luego que la neblina se levantó, yo quedé
tirada sobre la cama sollozando, dando salida a todo
el dolor y pena que yo había estado reprimiendo y
que habían sido causados por una relación que

recientemente había terminado mal. Lloraba, también, desde el consolador abrazo de mi Madre, que yo sentía me apretaba con fuerza.

Siete días más tarde conocí a Bruce, mi actual marido.

La parte más gloriosa de todo esto es que, de la misma forma que yo estaba en California aunque no quería estar allí, Bruce había sido llamado desde Alaska a Los Angeles dentro de los ocho meses de mi regreso a ese lugar, y él no sabía ni por qué había sido llamado ni si quería ir allí. Pero la Santísima Madre María sabía que estábamos hechos el uno para el otro.

Como ninguno de los dos quería quedarse en California, rezamos pidiendo consejo sobre dónde radicarnos para nuestro mejor logro, y lo obtuvimos—aunque ello llevó seis meses y un milagro monetario de último momento—y eso fue lo que nos trajo a Durango, Colorado. Otro milagro—y yo sé positivamente que la Reina de los Ángeles es definitivamente la responsable de ese milagro—me ayudó a abrir una tienda de ángeles llamada Angel Station. Me quedaban alrededor de cien dólares y no tenía idea de cómo iniciar un negocio de ventas, pero intuí lo que debía hacer y, todo a su tiempo, cada cosa fue cayendo en su lugar—¡hogar, negocio, todo! Especialmente mi relación con Bruce.

Él es tan verdaderamente mi compañero, que aprende y crece conmigo espiritualmente a medida que nuestra relación cambia y se profundiza. Esta es una relación tan diferente de cualquiera de las que tuve antes. Hemos establecido los lazos de una relación sagrada y cuando la vida de uno está llena con el espíritu, como lo está la nuestra, todo—sexualidad, creatividad, nuestro yo interior—todo cambia. Parecía ser una cosa tan natural arruinar una relación siendo mezquina con los sentimientos, creando situaciones difíciles, sólo porque me sentía herida. Pero Bruce y yo juntos hemos encontrado la verdadera comunicación y compromiso porque estamos aprendiendo de la extraordinaria plenitud que viene del espíritu. ¡Todo lo otro que tenemos Bruce y yo nos viene por añadidura!

SENA ROSE
*Durango, Colorado*

## MÓNICA

YO VENGO de las Filipinas ¡un país de maniáticos marianos! Por ejemplo, muchas muchachas filipinas, como yo, se llaman María en honor de la Santísima Virgen. Yo soy María Mónica, mi hermana es María Victoria, mi madre es María Concepción. Nos llamamos por nuestros segundos nombres para evitar la confusión.

Han habido muchas apariciones de la Santísima Virgen en las Filipinas durante los últimos años y se trata de eventos muy importantes. Sus apariciones siempre son comentadas en las revistas y sus mensajes a los diferentes videntes también son recogidos por la prensa. Gran parte de nuestra cultura está basada en la Santísima Virgen y tenemos muchas celebraciones santas en su honor. Por ejemplo, todo el mes de mayo es conocido como la celebración de la Santa Cruz y realizamos procesiones por las calles de cada ciudad con jóvenes y niñas vestidas con sus mejores ropas. Una estatua de la Santa Madre llevada a pulso encabeza la procesión y hay vigilias de oración. Se trata de un tiempo santo y especial ¡y también muy bello!

Octubre es otro mes especial, llamado el mes del Santo Rosario, durante el cual la gente comparte sus estatuas de la Santísima Virgen con otras familias. Así que, como ven, la tradición y María son muy importantes para los filipinos, y aunque yo he vivido en los Estados Unidos desde 1984, la riqueza de tales tradiciones permanece en mí. Afortunadamente he sido bendecida con un marido que ama a la Virgen tanto como yo y ambos sentimos que ella fortalece nuestra unión. Irónicamente, aunque él también es filipino, no nos conocimos hasta que vinimos a los Estados Unidos.

Cuando nos casamos, ambos quisimos que la Virgen María fuera parte de nuestra ceremonia, la cual tendría lugar el 23 de mayo. Ella había estado apareciendo ante una monja en Akita, Japón, y nos sentíamos especialmente cerca de Nuestra Señora de Akita—algo que explicaré más adelante. Nuestro sacerdote nos permitió dejar una fotografía de la estatua de Nuestra Señora de Akita sobre el altar, lo que nos hizo muy feliz durante esta ceremonia especial.

Otra tradición filipina relacionada con el matrimonio es dejar el ramo de novia en la iglesia ante el altar de la Virgen María. Gerry y yo nos casamos en Sedona, Arizona, y al aproximarnos a su altar, ambos empezamos a llorar de alegría al recibir confirmación que éramos amados por ella. Fue un sentimiento que nos sobrecogió y pensamos: "¡Oh, Dios, me siento tan santo!"

Me gustaría explicar por qué Nuestra Señora de Akita es tan importante para nosotros. Todo comenzó en mi patria. Mi madre y su amiga, Baby Bernas, son agentes de viajes. Bueno, la verdad es que ellas son agentes de viajes para poder aprovechar los viajes que se presenten.

Un día, en 1991, Baby le dijo a mi madre lo que ella había oído de las apariciones de Nuestra Señora en Akita, Japón, y luego de que nuestra madre hizo un poco de investigación para saber algo sobre este ignoto pueblito, Baby y su marido se fueron a visitarlo. Mientras estaban allí, ella se enamoró tanto de Nuestra Señora de Akita que le encargó a un santero que trabajaba en madera que reprodujera la imagen para poder traerla a las Filipinas.

En lugar de ello, el propio obispo de Akita llamó a Baby y le informó que ¡él quería llevar la estatuita terminada personalmente a Manila! Parece que la vidente, la hermana Agnes, había recibido un mensaje de la Santísima Virgen con relación a la estatuita, determinando que ella no sería sólo para Baby sino para todo el pueblo de las Filipinas.

El día que llegó se realizó una gran ceremonia en Manila y antes de mucho tiempo la gente empezó a venir de todas partes para ver la réplica en madera de la Virgen. No medía mucho más de treinta centímetros de alto y se la podía acunar en los brazos. Siguiendo la tradición Filipina, Nuestra Señora de Akita pasaba de casa en casa para que todos pudieran rezarle personalmente.

Luego, en octubre de ese mismo año de 1991, se realizó una conferencia espiritual en Washington, D.C., y Baby viajó allí desde Manila. La camarera del avión era tan amable ¡que le dió su propio asiento a la estatuita! Luego de Washington, Baby y Nuestra Señora viajaron a una casa de retiro de Nueva Jersey y luego a una del Bronx, Nueva York.

Aunque Baby y mi madre habían sido amigas durante más de cuarenta años, ella y yo nunca nos habíamos conocido. Pero mi madre me llamó para decirme que esperara la llamada de Baby y que la recibiera en mi departamento. No me dijo nada más—¡ni siquiera una palabra sobre su vinculación con la Santísima Virgen! Así que, cuando finalmente Baby llamó, naturalmente yo estuve muy enojada con mi madre porque mi departamento era muy pequeño y yo no sé cómo ella esperaba que yo la hospedara.

Yo estaba hablando por teléfono con mi mejor amiga sobre la situación, cuando el teléfono dio la señal de que había otra llamada. Era Baby quien llamaba por la otra línea. La hice esperar para así poder terminar la conversación con mi amiga a quien le comenté: "Estoy tan enojada que no sé lo que le voy a decir a esta señora. Mi mamá piensa que la puedo recibir." Sin saber nada más sobre la situación porque, por supuesto, yo no sabía nada más ¡mi amiga dijo que Baby podía alojarse con ella! Pronto sabría por qué se sorprendió a sí misma y a mí con tal inesperado ofrecimiento.

Cuando Baby llegó con Nuestra Señora, nos contó todo y mi marido, mi amiga y yo erigimos un pequeño altar en la sala de mi amiga con velas encendidas día y noche para que nuestros amigos pudieran visitar y orar ante Nuestra Señora de Akita. Compramos rosarios también y los entregamos a cada uno—primero a nuestros amigos y luego a la gente que ellos trajeron. Nos sentíamos tan privilegiados y queríamos compartir este don con la mayor cantidad de gente posible.

Una noche, Gerry, mi amiga y yo decidimos dormir en el piso de la sala, al pie de la estatuita. Las velas estuvieron encendidas durante toda la noche y cada uno de nosotros se despertó varias veces con sueños extraños. Cada uno sintió que cada vez que se despertaba la habitación parecía estar bañada de una luz blanca resplandeciente. Para Gerry, el sueño fue particularmente vívido y quiere contarlo con sus propias palabras.

## GERRY

La Santísima Virgen fue una parte importante de mi vida desde que era niño y asistía a una escuela jesuita en las Filipinas, así que estoy acostumbrado a los milagros. Esta noche en particular, yo estaba acostado con los ojos cerrados y sin embargo podía percibir una luz muy brillante, aún con los ojos cerrados. Yo supe que Nuestra Señora estaba con nosotros y me sentí tremendamente bendecido.

Me senté sin saber muy bien qué hacer, y entonces fue cuando tuve esta visión extraña. Yo me vi a mí mismo en medio de un pantano, caminando entre mimbres, con una mochila a la espalda y otra gente a mi alrededor que, como yo, también vestían trajes de campesinos de Europa Oriental. Todo se veía limpio y brillante a medida que caminábamos y luego llegamos a una zona pantanosa donde había una encrucijada en el camino. Algunas personas fueron hacia la izquierda, otros hacia la derecha, y yo simplemente seguí caminando derecho. De repente me di cuenta que estaba chapaleando en un charco de sangre y que las caras de todas las gentes a mi alrededor estaban sin vida ¡todos estaban muertos! Fue horrible y yo quedé muy perturbado sin entender qué era lo que la Santísima Madre estaba tratando de decirme.

Luego lo supe. Unos meses más tarde, se declaró la guerra en Bosnia. Las escenas en la televisión y en los periódicos ¡eran las caras de los muertos que yo había visto en mi visión! Comprendí todo y recé por sus almas.

Baby volvió a Nueva York durante la Semana Santa de 1994 y su llegada fue sumamente oportuna porque yo había estado pasando un período difícil de mi vida durante el cual hasta me olvidaba de rezar. Pero cuando Mónica y yo nos encontramos con Baby ese Viernes Santo, la presencia de Nuestra Señora fue tan poderosa que me sentí fortalecido. En verdad, cuando Mónica y yo regresamos a casa después de ver a Baby, yo comencé a llorar. Me sentía totalmente sobrecogido de emoción. Es difícil explicar, pero por haber estado con Baby, mis sentimientos de cuando estuve en la presencia de Nuestra Señora regresaron. Desde que llegué a los Estados Unidos y comencé mis estudios, mis prioridades cambiaron y me había olvidado de cuán afectuosa había sido mi familia en Manila.

Fue como si la Santísima Virgen me estuviera diciendo: "Has hecho muchas cosas bien, pero de alguna forma me has olvidado. Yo estoy aquí para decirte que nunca te he abandonado y que puedes contar conmigo." Este fue un momento clave de mi vida espiritual y nunca me he olvidado de la Santa Virgen o de mis plegarias desde entonces.

## MÓNICA

GERRY Y YO estamos interesados en toda forma de pensamiento espiritual y yo también creo que la Santísima Virgen no es sólo para los católicos. Yo creo que a ella no le importa lo que uno sea, mientras el corazón y el alma estén abiertos a la bondad y la fe.

Basta con mirar los lugares donde se aparece— Japón, donde menos del diez por ciento de la población es cristiana. Y Egipto, un país árabe; y también África.

Hay otro mensaje que María tiene para nosotros que creo es importante recordar. Hay una pequeña aldea llamada Lipa—a dos o tres horas de Manila en automóvil. Supuestamente, un milagro ocurrió en un convento Carmelita de allí en la década de 1950, pero cuando la iglesia mandó un representante de Roma para investigar la autenticidad del milagro, él dijo que todo no era más que un engaño. Este sacerdote no creyó lo que decía la monja respecto a que caían milagrosamente pétalos de rosa del cielo raso.

Luego, en 1990 o 1991, mi mamá llamó para contarme que el milagro estaba sucediendo de nuevo y que la gente de Lipa estaba pidiendo que se reabriera el caso y se volviera a investigar. Así se hizo y salió a la luz que el sacerdote que había dicho que todo era un engaño había mentido—¡dijo en declaraciones que él no creía que la Santísima Virgen se apareciera nunca ante gente pobre de piel oscura! Ahora que la Santísima Virgen ha regresado a Lipa, ella parece estar diciendo: "¡Yo estuve aquí, pero vosotros no creísteis en mí!"

Y ese es el mensaje real de la Santísima Virgen para nosotros. No pensamos que haga falta tener una iglesia que diga lo que es auténtico. Cuando la gente va a un lugar donde hay apariciones y le reza, y escucha sus mensajes, ella nos está dando el más grande don que podamos tener. Con fe y confianza

en ella, nadie necesita la aprobación o la reconfirma-
ción de una fuente externa. Basta con escuchar a tu
corazón—ella estará allí.

MÓNICA FRANCISCO Y GERRY BENARES
*Nueva York, Nueva York*

MI MARIDO Paul y yo nos comprometimos cuando
teníamos dieciocho años y, a pesar de que nuestro
noviazgo fue muy tormentoso con rupturas y recon-
ciliaciones, nos casamos a los veinte. Eramos aún
muy chiquilines y nos comportábamos como tales.

Durante el tiempo que estuvimos compro-
metidos sucedió algo que ejemplificó lo que luego
sería nuestro matrimonio. Paul había roto el compromiso y yo no tenía consuelo. Yo estaba realmente
de duelo. Era muy joven, pero estaba segura que mi
vida había acabado y que nunca más tendría la oportunidad de ser feliz. Estaba en mi habitación, tirada
en la cama, llorando, cuando me di cuenta que
escuchaba una voz que me hablaba, dentro de mí, a
mi corazón. Supe sin lugar a dudas que era la Santísima Madre. Yo no había estado pensando en ella,
o en nada, en verdad, porque estaba obsesionada
con lo que Paul me había hecho, pero no dudé de
que fuera ella quien me hablaba. Yo había crecido

sintiéndome muy cerca de ella. De hecho tenía una estatuita suya en mi habitación y aunque estaba toda astillada, no quería deshacerme de ella.

La Santísima Madre me dijo que Paul me amaba a su manera, pero que nunca, nunca me amaría de la manera que yo necesitaba que él me quisiera. Nunca lo iba a tener completamente. Pensarán que al oír esto me debiera haber vuelto más histérica aún de lo que estaba, pero, extrañamente, mantuve la calma, el tenerla a ella conmigo, hablándome por telepatía, me daba la paz que yo necesitaba. No quise aceptar lo que ella me estaba diciendo, sin embargo, porque lo interpreté como que nunca nos íbamos a casar. ¡Luego me di cuenta que ése no era de ninguna manera el significado de sus palabras!

Paul y yo estuvimos casados durante diecinueve tumultuosos años. Yo amé mucho a mi marido y quiero pensar que él también me amaba. Sin embargo, hubo separaciones y rupturas, y sus infidelidades me partían el corazón cada vez. No tardé en darme cuenta del significado de las palabras de la Virgen María y de cuán correcta había estado. Nunca tuve a mi marido de la manera que yo lo necesitaba, ni tuve la clase de matrimonio que quería tener, en el cual él me daba su tiempo y atención.

Aunque Paul tenía un trabajo "regular," su gran pasión era escribir. Mientras terminaba un libro sobre una pareja que se había dedicado al crimen y finalmente eran detenidos en las montañas de Arizona, mi marido falleció. Eso fue en mayo de 1994 cuando Paul fue a Arizona a fotografiar la región donde la pareja había sido capturada. La última fase del libro era recoger estas ilustraciones, pero nunca llegó a terminarlo porque murió en el desierto.

Se suponía que Paul iba a estar en el desierto un solo día y que me iba a llamar cuando regresara al hotel. Me dijo que nadaría un poco en la piscina y luego tomaría un vuelo de regreso a casa. Nunca me llamó, así que yo comencé a telefonear para saber qué había ocurrido. Cuando la agencia de alquiler de automóviles de Fénix me dijo que él no había devuelto el auto, supe que algo había salido muy mal. La policía organizó una partida de búsqueda y unas doscientas personas salieron a ver si lo encontraban. Llamaron a un indio para que ayudara siguiéndole la pista.

Durante todo el tiempo que duró la búsqueda yo rezaba el rosario y tenía absoluta fe que mis plegarias iban a tener respuesta. Cuando sonó el teléfono y escuché la voz del teniente a cargo de la partida, tuve la gran esperanza que fueran buenas noticias. Seguí manteniendo la esperanza hasta que me dijo que habían encontrado a Paul bajo un arbusto, muerto, probablemente tratando de protegerse en la sombra.

El día que Paul salió, las condiciones del tiempo eran peligrosas. La policía me dijo que unas veinte personas al año mueren en circunstancias similares. El llevaba agua, pero no la suficiente. También había una brisa agradable, según los expedicionarios, así que él probablemente no se dió cuenta de lo alta que era la temperatura. Tuvo un ataque y murió deshidratado durante su desvanecimiento. El incidente figuró en los periódicos y la televisión. Los medios de comunicación le dieron mucha publicidad durante un tiempo.

Mi vida ha tenido que seguir adelante, pero con crecientes dificultades. Paul me dejó con tres adolescentes para criar y un juicio por resolver. La compañía constructora que él tenía, debió afrontar un juicio por dinero que él debía, pues no se ocupaba de las cosas financieras como era necesario por estar dedicado a su libro, que era lo que él realmente amaba. Además, Paul no dejó testamento así que mis bienes personales, así como los de la compañía han sido embargados.

Hace años la Santísima Madre supo cómo iba a resultar mi vida con Paul. Yo debí haberla escuchado, pero era joven y porfiada—y estaba muy enamorada de un hombre que probablemente me amaba pero no de la misma manera. Yo sé que la Virgen María nunca me ha abandonado, aunque no la escuché. Sé que ella comprende las debilidades de sus hijos y le doy las gracias a Dios por ello.

NOMBRE NO MENCIONADO A PEDIDO DE LA INTERESADA

EN EL MOMENTO en que mi vida espiritual cambió, hacía veinte años que yo no iba a la iglesia. Mi amor por Dios no había disminuido, pero no me sentía cómoda con el modo como la gente actuaba en la iglesia, por ejemplo, cuando alguien decía: "Tiene puestos los mismos zapatos que llevaba el año pasado," o cosas por el estilo. Yo pensaba que no se le brindaba a Dios el respeto que merecía, así que me alejé de la iglesia, aunque no de Él.

Luego, hace unos años, una amiga de mi madre fue a Conyers, Georgia, y trajo consigo un libro sobre las apariciones de la Santísima Madre allí. El libro era en inglés y como yo era la única que sabía tanto castellano como inglés, me pidieron que lo tradujera. Así es como comenzaron las cosas para mí.

El libro me intrigó tanto que quise que fuéramos con mi madre a Conyers para tener la experiencia directa. El costo del viaje resultó prohibitivo, y recuerdo que pensé en ese momento: "Vamos, María. Nunca has permitido que nada te derrote tan facilmente. ¡Tiene que haber una forma de ir!" Y me vino la inspiración—o más bien, me dieron la inspiración. Pensé que si yo organizaba una excursión, iba a recibir un descuento por el viaje en grupo y eso fue lo que hice la primera vez. Junté cuarenta personas, alquilamos un autobús, y mi hijo Michael, mi madre y un contingente completo fuimos de Leonia, Nueva Jersey a Conyers, Georgia.

La primera cosa que percibí luego de viajar toda la noche fue que yo no estaba cansada. Tampoco tenía hambre. En realidad, todas mis necesidades físicas habían desaparecido. Y comencé a sentir la más increíble sensación de paz. También lloré, pero no se trató de un llanto normal; era como si una fuente interna se hubiera abierto. No hacía más que llorar y llorar. Definitivamente yo también sentía una presencia, y les repetía con frecuencia a mi hijo y mi madre: "Siento que ella está aquí. No sé exactamente dónde, o cómo, pero sé que esto es auténtico."

Debo decir también cuán impresionada quedé con el centro de información y regalos. Está sostenido enteramente con donaciones, de forma que si usted desea algo y no tiene el dinero para hacer una contribución, de todas formas lo puede obtener. Yo quedé convencida que, si era posible que uno pudiera tener lo que quisiera gratis, Conyers tenía que pertenecerle a Dios. Yo realmente creí que la Santísima Madre no puede querer que sus hijos no tengan información sobre ella ¡sólo porque les falta dinero!

Vi que la otra gente que vino en el viaje reaccionaba igual. Muchos habían comenzado el viaje con una cierta carga de escepticismo, como yo, pero al cabo de unos días, se sentían tocados por la paz y el amor que los rodeaba. En el viaje de regreso todos preguntaron cuándo volveríamos y decidimos hacerlo en junio.

La segunda vez que visité Conyers tuve el privilegio de ser autorizada a entrar en la habitación de las apariciones, y la única forma en que puedo describir lo que me sucedió es diciendo que me sentí inmersa en una luz cálida y blanca. Yo ignoraba totalmente a la otra gente que estaba en la habitación. Lo único que podía ver era esta luz acogedora y no tengo idea de cuánto duró porque perdí toda noción del tiempo.

Cuando dejé Conyers lo hice con el sentimiento que María me había dado un mensaje muy personal y especial a través de la vidente Nancy Fowler. Ella, en realidad, le había hablado a toda la concurrencia diciendo: "Algunos de mis hijos se han separado de Dios." Yo sentí como que se dirigía directamente a mí, así que cuando regresé a Nueva Jersey, volví a la iglesia después de veinte años.

Yo había llevado a mi hijo Michael, un adolescente, en ambos viajes. Es un hijo maravilloso, dotado realmente por Dios.

Juntos decidimos invitar a la vidente a que viniera a Nueva Jersey a hablar y a que, durante su viaje, se alojara en nuestra modesta casa. Esperábamos su llegada el 17 de julio y yo era un manojo de nervios esa mañana, queriendo que todo estuviera perfecto para esta señora tan especial. Michael y yo habíamos discutido dónde debería dormir. Yo pensaba que debería ser en la mejor habitación de la casa, que era mi dormitorio, pero Michael creía que ella iba a estar más contenta en su cuarto, aunque fuera más pequeño. Él no sabía por qué creía esto, pues nunca la había conocido, sólo la había visto desde la distancia en Conyers, pero insistió tanto, que yo estuve de acuerdo.

Tan pronto como llegó, Nancy pidió unos minutos de soledad para rezar y se dirigió directamente a la pieza de Michael. Cuando salió de allí, nos dijo que se le había indicado que nos diera la cruz con la cual ella había estado viajando y que debíamos ponerla en un lugar de honor en nuestro hogar. No lo pensé dos veces. Como Michael es la cosa más grande y mejor que tengo, la cruz fue colocada en su cuarto.

Él la conoció por primera vez cuando regresó de la escuela ese día. Estábamos en la cocina, dando instrucciones, y fue muy notable la forma en que ella lo miraba y lo miraba. Finalmente le tuve que preguntar qué era lo veía en él porque me había puesto muy nerviosa. Ella dijo que Cristo estaba de pie detrás de mi hijo. Michael y yo comenzamos a llorar. Yo me di cuenta que él se sentía un poco incómodo, pero le aconsejé combatir esos sentimientos.

Al día siguiente Nancy tenía un compromiso para hablar y, antes de partir, ella fue al cuarto de Michael a rezar. Edwin, un seminarista que viajaba con ella, en este momento, estaba en la sala con Michael, mi marido y yo. Creo que debo explicar algo respecto a mí misma. Antes de visitar Conyers, yo era como una bomba de tiempo. Tenía mal carácter y poca paciencia ¡y la mala costumbre de poner mis dos centavos dónde fuera, aún cuando no se los necesitaba! Tal vez porque el enfoque de mi vida se tornó más espiritual, o tal vez porque la Santísima Madre estaba guiándome con toda paciencia, yo había dejado de ser así. Así que cuando Nancy llamó: "Vengan rápido ¡la Madre de Dios está apareciéndose en el cuarto de Michael!" Yo no salí corriendo como lo hubiera hecho la otra María. Pensé que sólo quería que Edwin se le uniera, así que me quedé en la sala. Pero cuando luego nos llamó a todos, me fui corriendo a su habitación.

Nancy estaba de rodillas en el centro de la habitación. Michael y Edwin se le acercaron y mi marido y yo los seguimos, con la visión completa de la habitación ante nosotros. Yo no vi nada, pero sentí escalofríos en todo mi cuerpo. De repente, Michael bajó la cabeza e hizo una reverencia hasta el suelo, como postrándose. Luego comenzó a llorar. Nunca lo había visto así. ¡Un muchacho de quince años no se porta así por nada! Yo le di una palmada en la espalda y le pregunté si estaba viendo a la Santísima Madre. Él no podía hablar, así que hizo una señal con la cabeza. Eso fue lo que yo necesitaba para actuar como una loca. Comencé a gritar: "¡Te amo, Santísima Madre! ¡Te amo!" Eso era lo único que se me ocurría decir porque eso era lo único que dictaba mi corazón.

Y entonces ocurrió la cosa más hermosa. Un halo dorado rodeó a mi hijo de un hombro al otro y por sobre su cabeza. La misma luz coronaba a Nancy y Edwin, así que yo supe que la estaban viendo. Me quedé como hipnotizada por unos pocos minutos, aunque Michael piensa que sólo duró segundos. Yo entiendo esto porque sin importar su verdadera duración, una experiencia como ésa uno piensa que nunca dura lo suficiente.

Continúo yendo a Conyers el trece de cada mes para la aparición de la Santísima Madre y, cada vez, yo me siento abrumada por el milagro de tenerla en mi vida. Yo siento que Dios y ella quieren que yo esté allí, quieren que continúe trayendo gente, lo que hago siempre. Y los medios para hacer cada viaje siempre me llegan porque he aprendido a confiar y aceptar la voluntad de Dios.

Lamento haber estado alejada de la iglesia durante tanto tiempo, pero comprendo ahora que nada sucede que no deba suceder. Yo usé mi libre albedrío para dejar la iglesia y ahora lo uso para volver a la iglesia y a Dios de una manera que es mucho más significativa que nunca antes.

La alegría de haber recibido nuevamente mi fe es uno de los muchos dones que me ha concedido la Santísima Madre. Otro es la fortaleza y la intimidad que compartimos con mi hijo. Yo siento que por Michael fui a Conyers y regresé a la iglesia, abriendo nuevamente mi corazón a Dios con mucho más fe. Mis dones son también para él, para que pueda soportar las experiencias que aún le faltan vivir. Mi hijo ha sido tocado por la Santísima Madre—no hay nada más glorioso para mí que eso.

MARÍA BEDOYA
*Leonia, Nueva Jersey*

YO HE ESTADO en Conyers, Georgia, varias veces con mi madre. La primera vez fui, como lo haría un adolescente típico, sin querer ir ni saber por qué lo llevaban allí. Realmente no creía que sucedería nada especial. ¡Yo creía que actuaba como lo harían otros adolescentes!

Esa primera vez no sucedió casi nada, excepto que sentí una fuerte sensación de paz dentro de mí. Nunca había sentido nada así y fue una cosa realmente buena.

La segunda vez que fuimos, mi madre fue autorizada a entrar en la habitación de las apariciones. Yo pasé mucho tiempo preocupándome por mi padre, a quien se lo iba a operar de un tumor ubicado cerca de sus cuerdas vocales que el doctor pensaba que podía ser canceroso. Yo le recé a la Santísima Madre que no permitiera que fuera nada así, pero que si resultaba algo malo, que le diera a la familia la fortaleza de aceptarlo y que no nos separara.

Mi padre iba a ser operado el mismo día que nosotros regresábamos y mientras él estaba en la sala de operaciones, mi abuela y yo rezábamos juntos por teléfono todo el tiempo. Salió bien de la operación y resultó que el tumor no era canceroso. Yo estaba tan contento que decidí rezarle agradecido a la Santísima Madre, quien había respondido a mis plegarias para que mi padre se mejorara.

Ese fue el comienzo para mí. Desde entonces, siempre les digo a las personas que si rezan por algo y ello sucede, ellos deben también acordarse de dedicar tiempo a una oración de agradecimiento.

También le digo a la gente que sus oraciones deben provenir del corazón. Si no es así, no tendrán ningún significado y yo no creo que Dios oiga las oraciones vacías.

Cuando la vidente Nancy Fowler vino a nuestra casa a visitarnos todo se transformó en una experiencia increíble para mí. Mi madre ya les ha contado lo que aconteció en mi habitación y tan pronto como yo entré y la vi rezando mi cuerpo entero empezó a vibrar. Fue algo que yo nunca había sentido y un signo para mí de que la Santísima Madre estaba verdaderamente allí, en mi cuarto.

Yo recé en silencio pidiendo verla también. Cuando levanté los ojos, allí estaba ella, en un rincón, vestida de negro. No les puedo decir los sentimientos que tuve al verla tan claramente como estaba viendo a Nancy o mi madre. Era completamente tridimensional, excepto que su cara no era muy nítida. Había tanta luz que me cegaba, que yo sólo veía el diseño ovalado de la cara, sin poder distinguir sus facciones.

Yo estaba abrumado y sentí que debía postrarme y decirle gracias. A partir de entonces he sido muy devoto de ella y de la oración. Nada es más importante para mí. Llegaría al extremo de que, si mi jugador de baloncesto favorito estuviera en camino a visitarme para jugar un partido entre los dos y yo estuviera rezando ¡lo haría esperar hasta el final de mis rezos!

Mis prioridades en la vida han cambiado desde ese día, también. Antes, lo único en que pensaba era en ganar dinero, conseguir un trabajo para poder comprarme un buen equipo de estéreo, ese tipo de cosas.

Ahora sé que los dones espirituales son los mejores de todos y que ellos no pueden ser comprados. Yo no le hubiera podido pedir a mi estéreo que por favor cure a mi padre o me ayude con mis sentimientos. El único que lo puede hacer es Dios.

Yo he sido realmente tocado por la Santísima Madre, y algunas personas que conozco y saben lo que ha acontecido me han pedido que rece por sus hijos e hijas. Cada vez que lo he hecho, ellos han regresado para contarme que han notado cambios en sus hijos. ¡Yo creo que este puede ser un don especial que la Santísima Madre me ha concedido y pienso que no debo abusar de él pidiéndole cosas tales como que me ayude a pasar un examen para el que no he estudiado! Cuando le pido algo importante, generalmente veo buenos resultados y siempre le doy las gracias después.

También salgo y hablo con otros adolescentes sobre mis experiencias porque creo que es importante que la gente joven esté en contacto con su espiritualidad.

Otra vez vi a la Santísima Madre de nuevo en Conyers. Yo estaba en la habitación de las apariciones y mi madre estaba sentada detrás de mí cuando sentí el escalofrío consabido recorrerme todo el cuerpo. "Ella está aquí, yo sé que ella está aquí," dije. "La puedo sentir de nuevo." Y entonces vi esta masa violeta que era como un rocío que se formaba frente a la habitación, cerca de la estatua de la Santísima Madre. Había miles de pequeños puntos de luz danzando por todas partes, como luciérnagas. Yo enfoqué bien mis ojos y entonces me di cuenta que las luces danzantes ¡eran diminutos ángeles que volaban por toda la habitación! Estos pequeños querubines saltaban y brincaban por todas partes y yo supe que María iba a llegar pronto porque los ángeles la escoltan desde el cielo.

María vino con el Niño Jesús en sus brazos. Yo sólo podía ver su velo porque ella estaba mirando hacia abajo, hacia el niño. Cuando levantó la cara, pude verla toda, cada facción. Ella estaba tan contenta, acunando a su niño y atrayéndolo hacia su cara como si fuera a besarlo. Yo fui muy feliz de poder volver a verla, así que después, luego que ella volvió a ascender a los cielos, yo le recé en agradecimiento con mucho amor en mi corazón.

La Santísima Madre me ha dado tanto, y tiene tanto para dar a cada uno. Yo creo que es importante hacerle saber que la apreciamos y agradecerle todo lo que hace.

Michael Bedoya
*Leonia, Nueva Jersey*

Debo admitir que después de trece años de matrimonio las cosas no andaban bien. Mi marido y yo decidimos separarnos. Ese momento fue de mucho dolor y mucho desasosiego para mí y busqué a alguien que me guiara para salir de la confusión que yo sentía respecto a la situación. Yo había oído hablar de una mujer muy espiritual, llamada Mary, que daba consejos y les leía lecturas espirituales a las personas que lo necesitaban. Hice una cita para verla.

Mi consulta tuvo lugar el 15 de agosto, día de la Asunción de la Madre María. Durante la lectura yo comencé a sentir una presencia muy fuerte en la habitación y como que tenía la necesidad de mencionar esto. Antes de poder hacerlo, Mary me dijo: "Tengo que compartir algo contigo. La Madre María ha estado aquí con nosotras y todo lo que te acabo de decir me vino de ella."

Yo estaba totalmente abrumada por tales palabras y sentí que debíamos hacer algo, lo que resultó ser algo muy católico, honrar y aceptar la gracia que ella me estaba concediendo. Nos arrodillamos frente a un pequeño altar que Mary había preparado para la Madre María. Era simple pero encantador y estaba sobre una mesa de mimbre verde. Había un receptáculo redondo y pequeño para incienso que Mary luego me dió para que yo hiciera mi propio altar. También había una postal de Cristo sobre la mesa.

Desde el momento en que encendimos una vela y comenzamos a rezar, yo me sentí segura, protegida; todo el dolor y la confusión sobre mi separación y posible divorcio parecían haber desaparecido luego de un escape de tensión muy emocional. Cuando terminamos nuestros rezos, yo me sentí fuerte y purificada por la energía y el amor que la Madre María volcó sobre mí.

Aunque yo lo ignoraba en el momento en que hice la cita, luego me enteré que la mujer a quien visité para que me leyera, Mary, era reconocida por tener una muy fuerte vinculación con la Madre María. A medida que reflexionaba sobre todo lo que se dijo y sobre la presencia de la Madre María, comencé a darme cuenta de cuán raro y cuán preñado de significado era que yo hubiera elegido a Mary entre toda la gente que hacía tal tipo de trabajo. Y que la Madre María me hubiera dado su gracia el 15 de agosto ¡un día tan sagrado! Todas estas coincidencias se tornaron en un poderoso mensaje para mí.

Cambié mi vida radicalmente. Dejé mi trabajo de ejecutiva en una empresa. Pasé por mi divorcio y realmente comencé a concentrarme en liberar mis propias habilidades intuitivas. Yo creo que todos tenemos estas capacidades, pero la vida nos lleva o a ignorarlas o a cancelar totalmente esa parte nuestra.

Con el tiempo comencé a hacer mis propias lecturas a la gente y después de unos meses la Madre María me visitó de nuevo. Ella ha estado allí para tres mujeres con quienes he trabajado, todas ellas realmente necesitadas de una figura materna que les diera el calor y el alimento que les había faltado en la vida.

La primera clienta para quien vino era una mujer que había sido abandonada por su madre natural. La Madre María me dijo: "Siente mis brazos alrededor de las dos. Siénteme rodearlas con mi abrazo. Hazle saber que estoy aquí." Mientras yo hablaba, la mujer se echó a llorar, sollozando sin control, a raíz del poder de la presencia de la Madre María.

La segunda vez fue para una mujer que había sido adoptada y había pasado años buscando a su madre natural. Cuando finalmente la encontró, quedó destrozada cuando la madre la volvió a rechazar.

La tercera vez fue algo diferente porque la mujer era una lesbiana quien había sido criada por una familia católica muy estricta y devota. Sentía mucha culpa por su sexualidad y la Madre María me pidió que le asegurara que, por supuesto, ella no iba a ser rechazada—que ella era aceptada y amada.

Yo todavía veo a estas tres mujeres de tiempo en tiempo, y ellas han aprendido a confiar y creer en la gracia de la Madre María. Es posible que no estén conscientemente pensando en ella todos los días, pero saben que si la necesitan, la pueden llamar a través de las plegarias.

En lo que a mí se refiere, pareciera que mi necesidad de guía de parte de la Madre María nunca ha sido mayor. Me divorcié hace varios años ya y aunque estoy segura de haber tomado la decisión correcta para mí, no ha sido fácil. Mis habilidades intuitivas me permiten mirar lo más profundo de las personas, lo que siempre es hermoso, pero ignoro o disculpo la realidad de su personalidad real. ¡Ello puede ser un problema muy real cuando salgo con hombres! ¡Y como la mayoría de las hijas, no siempre presto atención a la sabiduría de mi Madre!

Una vez busqué los consejos de María respecto a

un hombre en particular con quien estaba vinculada. Ella vino a mí mientras meditaba, se apareció de pie, frente mío, en sus ropas blancas y velo, y pareciendo tan suave y luminosa que yo estuve simplemente asombrada. Le pregunté si éste era el hombre para mí—de lo que yo estaba segura—y cuando me dijo que no con la cabeza, quedé desconcertada. Lo que es peor ¡esta vez me convencí a mí misma de que la que tenía que estar errada era la Madre María! Déjenme decirles que ella estaba totalmente en lo cierto y que yo me arrepentí de no haberla escuchado desde el comienzo.

Sólo me hizo falta ir en contra de su consejo una vez para comprender que nunca más lo haría. Ya no pongo en duda su sabiduría, y se ha convertido en la consejera confiable que siempre me lleva en la dirección correcta.

VALERIE BLAKE
*Minneapolis, Minnesota*

TENGO SEIS NIÑOS, cuatro de ellos adoptados. La familia ha sufrido toda clase de traumas severos que incluyen miembros aficionados al juego, a las drogas y hasta incesto. Es muy difícil para mí hablar del tema, pero mi hija adoptiva debió ser sacada de nuestro hogar. Hasta fue necesario arrestar a mi marido, esa es la medida de lo horrorosas que eran las cosas.

Para que mi familia pudiera sobrevivir, a mí no me quedó otra alternativa que divorciarme de mi marido, lo que hice legalmente hace cinco años. A pesar de las dificultades de mi propio matrimonio, creo firmemente que las personas deben estar conectadas, que el matrimonio y el amor son un don y una bendición. Así que, con tal fin, yo creé una red de oportunidades sociales para gente soltera y comencé a escribir un boletín mensual. Yo siempre incluyo una pequeña nota espiritual al final porque pienso que es importante que la gente no olvide su amor a Dios cuando se enamora del prójimo.

Yo he estado haciendo esto desde hace unos años ya y realmente lo disfruto mucho. Hasta planifico nueve bailes públicos por año y un picnic, y personas de todas las religiones y edades concurren a estos eventos. Al final de cada baile, nos reunimos todos en un círculo y cantamos "Que haya paz en la tierra" y, por unos instantes ¡pareciera que la hubiera! Me encanta. Hace poco leí un libro sobre los dones de Dios, que Él usa nuestras personalidades individuales y las circunstancias especiales de nuestras vidas como trampolín para que lo sirvamos en forma práctica y cotidiana. Por lo tanto, si usted siente pasión por algo, eso es probablemente su vocación—y aunque esto suene tonto ¡yo siento pasión por mis actividades para solteros!

El año pasado en la víspera del Año Nuevo yo

asistí a un retiro luterano y hubo allí una discusión sobre la importancia del lavado de los pies por parte de Dios y lo que ello significa en nuestras vidas hoy en día. Un joven ministro se levantó y dijo: "La forma en que yo lo veo es que uno necesita saber de dónde viene. Necesitamos saber a dónde vamos. Y mientras tanto, como me dijo una vez un anciano ministro, uno toma una toalla y se dedica a lavar pies."

Yo entonces me incliné hacia mi amiga y le dije: "Bueno, ayudar a que los pies dancen está bastante cerca ¿no?" Yo lo dije en broma, pero sentí una rara confirmación que en mi propia y limitada manera, lo que yo sentía pasión por hacer era lo que yo debía hacer en la vida. Y más tarde, durante el mismo retiro, otro señor comenzó a hablar sobre reflejología y masaje de pies como formas de curar el cuerpo entero. Esto también confirmó que mi llamado, aunque no es tan elevado como el de curar enfermedades o lograr la paz del mundo, era bueno y necesario. Hasta me he ganado un premio a la Mujer del Año por mis esfuerzos para dar a la gente soltera un lugar que puedan llamar su hogar, digamos, donde pueden sentirse apoyados y que no están solos, y divertirse también. Yo estoy muy orgullosa de mi premio y de lo que hago para ayudar a terminar un poco con la soledad de las personas.

Por supuesto, mis hijos y, particularmente, mis hijas han sido afectados por el ambiente viciado en el que crecieron. La más joven de mis hijas naturales se ha convertido en un caso clásico de actuar por imitación, pues se casó con un hombre que la maltrataba sexualmente. Ahora están divorciados y ella está viviendo con otro hombre, pero yo estoy muy triste por ella y por cómo está viviendo su vida, aunque entiendo los motivos.

Mi hija natural mayor ha encontrado inspiración y fortaleza en la Santísima Virgen y ha creado un ambiente maravilloso y lleno de amor para su joven familia. Aunque ella se fue de casa antes que la situación llegara a su peor momento, aún así sufrió inmensamente por la ruptura de la familia, pero fue capaz de sobreponerse. Es el milagro de su fe lo que le dió fortaleza para sobrevivir y elegir la paz. ¡Estoy tan orgullosa de ella!

Yo sé que mi historia no trata de una gran y transformadora experiencia por la cual, en un momento, mi vida cambió para siempre. Más bien ha sido un proceso de reconstruir mi vida a partir de circunstancias muy devastadoras hasta un punto en el cual puedo dar un poco de alegría a los demás. Yo tuve que caer de rodillas antes de aprender a abrir mi corazón y acercarme a los otros—una lección difícil, dolorosa, que nunca voy a olvidar.

MARIANNE PICKHINKE
*Storm Lake, Iowa*

YO TENGO REALMENTE una madre maravillosa ¿no es cierto? Yo creo que es alguien bien especial y que ella está en lo cierto cuando dice que mi vida es un milagro. Aún cuando mi familia tuvo que enfrentar circunstancias muy difíciles, yo me considero afortunada de tener una madre como la mía y un marido maravilloso que comparte mis valores espirituales.

Luego de graduarme de la universidad, fui durante cuatro años un oficial de la fuerza aérea dedicado a administración financiera y de programas. Mi marido, Mike, es también un oficial de la fuerza aérea y nos conocimos en nuestro primer puesto en Dayton, Ohio, y luego nos casamos en el otoño de 1991.

Cuando quedé embarazada nos mudamos a Idaho y sin conocer a ningún doctor o a nadie que nos pudiera recomendar uno, yo fui al médico más conveniente pensando que eso era lo que haría todo el mundo. Yo comencé a ir a verlo mensualmente para ser controlada e, invariablemente, cada vez que dejaba su consultorio, yo tenía un nudo de tensión en mi vientre. Me daba cuenta de ello en ese momento; mi cuerpo me estaba diciendo que este hombre no era quien debía ayudarme a dar a luz mi bebé. Por supuesto que yo no le hice caso a mi intuición pensando que eran sólo nervios.

Leía todo lo que llegaba a mis manos sobre nacimientos de bebés y lo mismo hacía mi marido, y luego de seis meses nos dimos cuenta que la filosofía del doctor no era compatible con la nuestra. Yo deseaba dar a luz de la forma en que Dios diseñó el cuerpo de la mujer para que funcione al cumplir tal papel. Con el tiempo, mi marido y yo encontramos otro doctor que aceptaba mejor nuestras creencias.

Bueno eso fue más fácil de decir que de hacer, y en esto es que yo pienso que Dios nos mostró el camino. Una señora me prestó un libro sobre nacimientos en el hogar escrito por Sheila Kissinger y, mientras lo leía y veía las bellas fotografías de los nacimientos en casa, me iba convenciendo de esta idea. Con el tiempo supe que esto era lo que yo quería y mi marido estuvo totalmente de acuerdo.

Dar a luz se convirtió en una verdadera experiencia sagrada para nosotros. Aunque mi madre no pudo estar allí, una señora llamada Mary Smith vino y ella se quedó en la cocina y rezó todo el tiempo— y fue un largo tiempo. Yo estuve con contracciones durante veintiséis horas y, mientras tanto, yo sentía que la Santísima Virgen estaba allí, ayudándonos. La partera y su asistente estuvieron allí durante las últimas ocho horas del parto y mi hijo Jacob nació dos minutos después de la medianoche del 4 de julio de 1994—¡el mismo día de nacimiento de Adam, mi hermano adoptivo!

Además de que la Santísima Virgen nos ayudó, yo sé que San Gerardo fue definitivamente parte de nuestro nacimiento. El es el santo patrono de las madres y nosotros empezamos a rezarle antes de que Jacob hubiera sido concebido y creemos que él estuvo con nosotros durante la concepción, embarazo y nacimiento.

Cuando decidimos tener el nacimiento en la

casa, yo pensé que María había tenido la misma experiencia con Jesús con el nacimiento en el pesebre.

Yo creo que nuestra decisión de dejar al doctor y hacer las cosas de la manera más natural fue lo más indicado para nosotros y nuestro hijo. También creemos que será lo más correcto en el futuro si tenemos la bendición de otro embarazo.

Hemos decidido no llevar a Jacob a ningún médico para que le haga chequeos y no queremos que sea vacunado. Mi partera, y una señora que conocí en Ohio, quien nos enseñó a Mike y a mí sobre planificación familiar y quien tiene un diploma en farmacología, nos influenciaron a tomar esta decisión, pero nosotros leímos e hicimos investigación para estar bien seguros. ¡Tampoco quisimos que se le hiciera la circunsición a Jacob, aunque le hayamos puesto un nombre judío!

Estoy segura que María está con nosotros cada vez que tomamos estas decisiones tan poco ortodoxas. Hay tanto miedo en nuestra cultura si uno hace las cosas al revés de lo tradicional y es tan fácil que los otros nos consideren irresponsables o equivocados.

Me he vuelto hacia María muy seguido y le he dicho: "Yo sé que tú me has traído a este lugar, que has guiado mi maternidad y que has traído toda esta gente a mi vida. Tiene que haber una razón para ello, así que por favor, ayúdame a tomar las decisiones correctas y a ser una buena madre." La Santísima Virgen ha sido siempre una gran parte de mi vida de oración pero he llegado a confiar mucho más en ella desde que me he convertido también en una madre. ¿Quién mejor que ella puede saber cómo cuidar sus propios hijos?

El año pasado nos mudamos a Utah y, luego de asentarnos allí, yo realmente sentí la necesidad de compañerismo con otras madres. Encontré la Parroquia de la Sagrada Familia en un pueblo cercano donde se reúnen grupos de madres. Varias cosas maravillosas han ocurrido desde que comencé a ir allí, la primera de ellas es el encuentro con una mujer muy especial. Yo había salido de una de las reuniones para dar el pecho a Jacob. Estaba cerca de la capilla cuando esta señora mayor se me acercó. Ella era realmente bastante anciana, con cabello plateado y un acento europeo y había como un aura de santidad alrededor de ella. Ella puso su mano sobre mí y luego sobre mi bebé e instantáneamente sentí una extraña vibración recorriéndome el cuerpo. Yo supe que el Espíritu Santo estaba pasando a través de mi hijo y mío, y me sentí muy bendita por esta mujer y esta experiencia poderosa.

Una de las otras madres me ha presentado al Apostolado de la Santa Maternidad y yo estoy muy apegada a él. Hay una vidente que se llama María Monte, lo que se me dijo quería decir algo así como María Amante. Ella tiene dos o tres niños pequeños, entre ellos un bebé. Ella comenzó a tener visiones diarias de la Santísima Virgen y el Cristo Niño y comenzó a escribir lo que ellos le decían. Alguna vez, su bebé le interrumpía su tiempo de oración y la

Santísima Madre le decía: "Ve a cuidar a tu niño. Eso es más importante. ¡Esto lo podremos hacer más tarde!" Ella ha recopilado todo lo que le han dicho en un libro y me siento sobrecogida ante la idea de que alguien pueda ser visitado a diario por la Virgen María—¡qué bendición y milagro! Aún así ella entiende que mi hijo es aún más importante que sus mensajes. ¡Increíble!

En sus escritos, María dice que la Santísima Virgen le dijo que formara un grupo de madres que puedan cambiar la sociedad con su maternidad de amor total—y no protestando contra lo que piensan que anda mal. Si se le da al niño ese amor y apoyo total, éste podrá salir al mundo desde un pozo de profunda paz interior y fortaleza—¡me gusta la idea!

A través de los mensajes de la Santísima Madre a su vidente de Utah he llegado a comprender lo importante y el don sagrado que es ser una madre. Yo nunca he apreciado más o comprendido mejor todo lo que mi madre ha pasado. Y con la inspiración y guía de la Santísima Virgen en esta nueva fase de mi vida, yo espero que ella me ayudará a ser también una madre más sabia y amante.

DENISE, MIKE Y JACOB TERNEUS
*Layton, Utah*

# FRENTE A LA MUERTE
# Y LA PERSPECTIVA
# DE LA MUERTE

Tiene puesta la casulla del sol y su estola de
    estrellas,
y toma los cuernillos de la delgada luna como
    su candelabro,
y camina por la vía de Luz del mundo,
mientras los enfermos esperan su paso,
porque ella trae el pan nuestro de cada día y el
    óleo para untar las afiebradas frentes.
El bálsamo de todos los corazones perforados y
    el crisma para todos nuestros miedos,
Y ella lleva la dulzura de la caridad como un
    vestido sin costuras,
Lleno de lirios del campo y gorriones de a cinco
    por un centavo,
A lo largo de callejones prohibidos y por sobre
    sierras aplanadas por senderos olvidados,
Y la urna de agua viva que torna la muerte en
    inmortalidad.
Cerrando ojos como los ojos de José:

*Jesús, María y José, asistidme en mi última
    agonía,
que mi alma se libere en paz, con vosotros.*

FRANCIS BURKE

TODOS SABEMOS que un día vamos a morir. Para la mayoría de nosotros, esa certidumbre está en un futuro lejano. Pero yo me he visto confrontada con la realidad de la muerte. Sé lo que significa morir y he aprendido que no es algo de temer.

En 1994 se me diagnosticó un cáncer de mama que había tomado los nódulos linfáticos. Yo tenía solamente treinta y nueve años y tenía un hijo de once años. El vive conmigo y soy quien lo cuida. Todo lo que yo podía pensar cuando el doctor me dió la noticia era: "¡Eh, un momentito! ¡Yo todavía tengo una vida por vivir y no quiero abandonar a mi hijo!"

Se me recomendó hacer un transplante de médula ósea y estuve de acuerdo. Durante diecisiete días debí estar aislada en el hospital Jackson Memorial de Florida. Lo que sucedió durante esta internación cambió para siempre mi visión de la vida—porque tuve la fortuna de pasar por la muerte.

Yo estaba en extremo enferma y lo único que recuerdo de esos diecisiete días fue una tranquila tarde. Yo estaba sola en mi habitación y aunque no se me había dado oficialmente por muerta—y las funciones de mi cuerpo continuaban—todo en mí decía que yo me estaba muriendo. Yo me sentí ascender, moviéndome hacia una luz blanca. A medida que subía, yo vi a mi hijo sobre una cuerda gruesa y pesada, una soga de anclar, y me estiré para llevarlo conmigo.

Vi palomas blancas que henchían las alas y se arrullaban y supe que íbamos al cielo. Este conocimiento me llenó con la sensación más increíble de paz, de plenitud, de gloria. Me sentí bendita por tener esta experiencia. La recibí con los brazos abiertos. Me estiré para abrazarla; la cogí y me aferré a ella.

A medida que subíamos entre las palomas, ellas se iban convirtiendo en luces blancas muy brillantes. Todo estaba en perfecta armonía y yo estaba henchida de serenidad y de una sensación de estar maravillada. Me sentía tan viva—mucho más viva de lo que había estado antes de mi enfermedad. Me estaba muriendo y eso era algo fantasticamente glorioso.

Debo decir que yo aceptaba la experiencia de la muerte mejor de lo que nunca hube aceptado ninguna otra cosa acontecida en toda mi vida.

Seguíamos elevándonos y entonces vi la silueta de la Santísima Madre, con Jesús y José. Yo creo en la Sagrada Familia y al verlos me dije: "Estoy aquí para ser aceptada en vuestro reino." La Santísima Madre llevaba una túnica pálida y un largo velo. Su piel era muy hermosa, casi luminosa y se la veía tan joven. Jesús parecía tener como treinta años y tenía ojos cálidos y amorosos y cabello castaño claro, largo. El fue quien me dirigió la palabra diciendo: "No, Betsy, tienes que volver. No te ha llegado la hora." Yo insistía: "¡Sí es la hora! Yo estoy muy segura de esto. ¡Yo quiero estar aquí!"

¿Quién era yo realmente para discutir con ellos? Yo estaba desilusionada, pero también supe que debía haber una razón para que yo regresara a mi cuerpo. Descendí muy, muy despacito hasta mi cama. No quería abrir los ojos, así que miré por una rajita. Tenía la sensación que no estaba sola. Sentía que la potente luz blanca aún estaba en la habitación. Era como si el sol brillara, pero aún con mayor fulgor. La luz era tan impresionante—cálida, gratificante, que me envolvía y yo quería tanto aferrarme a ese amor.

Me di cuenta que no había sido aceptada en el cielo porque traía a mi hijo conmigo. Tal vez hubiera sido mi hora, pero no era su hora. También comprendí que la Sagrada Familia no quería que yo me muriera todavía, pero si me hubieran dado la oportunidad ¡yo me hubiera quedado con ellos!

Un año más tarde, para la Navidad, yo me enteré que mi cáncer se había extendido hasta la columna y mi cerebro. Yo pensé: "Está bien, me ha llegado la hora, pero me voy sin mi hijo."

Fui inmediatamente hospitalizada, y un tratamiento siguió a otro hasta que quedé terriblemente enferma. Las punciones en la columna, la radiación, la terapia química—hasta tenía un catéter en mi cerebro para que las drogas gotearan. Físicamente estaba tan mal que decidí terminar con los tratamientos. Era una tortura continuar. Quería vivir el tiempo que me quedaba como un ser humano.

Yo aceptaba todo lo que me había dicho el médico porque confiaba que mi vida estaba en las manos de Dios. De todos modos un día le dije al doctor: "Yo quiero saber cuánto tiempo tengo. Si yo dejo todo tratamiento ¿cuánto piensa que voy a vivir?"

"No le puedo decir cuánto tiempo," me contestó.

"Necesito decirle algo a mi hijo. Por favor, dígame cuánto tiempo me queda, aproximadamente."

"Está bien, tenga en cuenta esto," me dijo, "¡usted estará regida por el tiempo de Dios!"

Mi hijo tiene ahora doce años y ha sido tan maravilloso. He podido mostrarle que no temo a la muerte, o morir, o la voluntad de Dios. Desde mi experiencia con la muerte, nunca he llorado por mí misma ni me he tenido lástima. Nunca llamé a mis amigos para que me compadecieran y mi hijo ha aprendido viendo esto.

Mis médicos han sido un gran apoyo, también. La gente siempre me dice que debo pensar de manera positiva, pero yo les contesto que tengo que pensar de manera espiritual ¡porque es de allí de donde viene la verdadera cura!

No rezo formalmente todos los días porque no creo que debamos hacerlo. Cuando nosotros permitimos que la luz del amor de Dios nos atraviese libremente, no es necesario rezar el rosario todos los días. Le he enseñado a mi hijo sobre el amor de Dios y cómo El ha estado conmigo todo el tiempo desde que tuve aquella experiencia en el hospital. Como no le echo la culpa a Dios por lo que me ha ocurrido, él tampoco lo hace—y eso es muy importante para mí.

También concurro a reuniones de apoyo para mujeres que padecen cáncer a fin de compartir mis experiencias. Lo hago porque todas tienen tanto miedo de morir y ¡yo puedo decirles que es tan hermoso! "Cualquiera a sea su poder superior, acéptelo, y convénzase que va a otro mundo. ¡No tenga miedo de ello! La transición es tan fácil, tan bella."

Esa aceptación ha sido una parte muy importante de mi vida. Nos ha permitido a mi hijo y a mí enfrentar cada día con un sentido de alegría y amor y fácil entrega a lo que quiera traernos el futuro.

Por supuesto, morir es una experiencia muy individual. Hay cientos de millones de seres sobre esta tierra y todos vamos a morir. Yo creo que todos vamos al mismo lugar, también, pero que la forma de llegar allí es diferente. Cada uno tiene su propia perspectiva de cómo percibe a Dios y para mí son Jesús, María y José. Cuando ustedes lleguen allí, no van a poder creer en lo poderoso que es realmente el amor de Dios. Es incomprensible y me ha dado la fuerza para volver a la tierra con paz en mi corazón.

Mi cirujano me miró muy seriamente un día y

me dijo: "Betsy, yo le he dicho a cientos de pacientes que su cáncer es mortal y cada uno de ellos ha perdido control de sí frente a mí. Tú eres la única, la sola persona que no lo hizo. ¿Cuál es tu secreto?"

"No tengo un secreto," respondí. "Yo sólo miré hacia el cielo."

El asintió en total comprensión y dijo: "Que Dios te bendiga." Dijo estas palabras con tanta fuerza y sinceridad que por vez primera en su consultorio mis ojos se llenaron de lágrimas.

También tengo el apoyo de mi ángel de la guarda. Yo antes pensaba que mis abuelos y mi mejor amiga, quien murió en un accidente de automóvil hace unos años, eran mis ángeles de la guarda. Tal vez ellos estén velando por mí, pero hay también alguien más, a quien yo no conocí, y que vino a mí en un sueño. Ella es muy joven, de no más de dieciséis o dieciocho años, con cabellos cortos, enrulados, castaños. Sus mejillas son muy rosadas y tiene alas blancas grandes. Ella estaba detrás de una cerca de piedra, en un campo, en alguna parte, espiándome y riéndose como lo hacen las chiquilinas. Era absolutamente adorable y yo encontré interesante el hecho que hubiera una barrera entre nosotras. Me dejó con la impresión que no podíamos estar juntas aún, pero que ella quería que yo supiera que estaba cuidándome y esperándome.

En este momento no sé lo que puede pasar. No sé si Dios tiene algún plan para mí en esta tierra. Recientemente he visto tres doctores y los tres dijeron que yo estaba reaccionando increíblemente bien desde que había dejado todo tratamiento. Los resultados de mi MRI mostraron un mejoramiento asombroso y yo me siento bien. Si todavía me queda algo por hacer aquí en la tierra, sería fabuloso, aunque no estoy aún segura de qué puede ser. Tal vez sea tocar a esa persona que sufre y necesita mi certidumbre. O tal vez tenga algo que ver con mi hijo—poder darle un poco más de alimento espiritual y ayudarlo a crecer.

Y si se supone que yo deba estar en el cielo pronto, eso también está bien. No hay secretos entre mi hijo y yo. Yo siempre le digo todo lo que está pasando con mi cáncer. Hablamos de la posibilidad que muera y hablamos de la posibilidad que me mejore por la gracia de Dios.

Tenemos tres botellas de agua bendita de Lourdes y todas las noches me bendigo con ella. Me mojo la columna y la parte del cerebro que tiene el cáncer. Mi hijo se bendice a sí mismo con ella también. Esto es algo que podemos compartir cada día.

Por irónico que parezca, es a través de la muerte que yo he aprendido tanto sobre la vida. Y el don más asombroso que tengo es esta relación especial con mi hijo. En lugar de lágrimas de angustia y de estar enojada con Dios, hemos utilizado el cáncer para profundizar nuestra fe. Somos una madre y un hijo que comparten una relación verdaderamente espiritual—una relación que se ha fortalecido y nos ha salvado a ambos.

No importa dónde yo esté, mi amor va a vivir siempre en él.

BETSY PESCHL
*Boca Ratón, Florida*

*Betsy Peschl falleció el sábado 22 de abril de 1995.*

HACE UNOS AÑOS yo noté que mi marido, Jacques, un maitre d'hotel profesional de los más exclusivos restaurantes franceses de la ciudad de Nueva York y de París, comenzó a perder peso, demasiado peso, demasiado rápido. Le salieron llagas en la boca y estaba siempre cansado, lo que era muy raro en él.

Jacques y yo estábamos promediando los cincuenta años en esa época y estábamos pensando ir a Francia a trabajar, por un tiempo, antes de jubilarnos. Jacques era bretón y habíamos pasado bastante tiempo con su familia en Niza y Cannes. Teníamos nuestros boletos de avión. Estábamos listos para partir. Pero yo quise que primero fuera al médico.

Mi marido fue asaltado violentamente y robado en Nueva York en 1982. Lo golpearon brutalmente con una paleta de béisbol y su pierna fue aplastada. Lo llevaron a la sala de emergencia de un hospital donde lo operaron. Durante la operación le colocaron catorce grampas para sostener su pierna y también fue necesario que le hicieran una transfusión de sangre. Esto sucedió cuando los hospitales todavía no verificaban si sus reservas de sangre estaban contaminadas. La sangre usada lo estaba.

Mi marido contrajo SIDA. Mis exámenes de exposición al virus VIH son positivos.

El murió el 4 de diciembre de 1994.

Mi marido no era muy religioso, así que yo tuve que esforzarme mucho para darle consuelo, fortaleza y hacer su muerte más fácil.

Durante muchos meses Jacques no había querido volver a Europa. Estaba demasiado avergonzado de padecer esta enfermedad terrible como para contárselo a su familia. Al final del verano de 1994, sin embargo, hicimos un viaje. El sabía lo importante que era para mí ir a Medjugorje, donde la Santísima Virgen estaba apareciéndose. Para ese entonces él estaba tan enfermo que tuvimos que llevarlo en una silla de ruedas, pero él hizo el viaje por mí. Su familia vino con nosotros a Yugoslavia en septiembre y todos sabían que no íbamos en busca de cura para nuestro mal. Yo sólo esperaba una curación espiritual para así poder sentirme en paz respecto a todo lo que nos estaba sucediendo y para enfrentar nuestra muerte sin mucho miedo.

Un día, cuando yo iba camino de la iglesia de Santiago, levanté los ojos y vi una cruz en el cielo. Estaba formada por una nube y me pareció algo interesante, pero no le asigné ningún significado tremendo. Luego, más tarde, mientras asistíamos a un oficio religioso al aire libre, al pie del Monte de las Apariciones, yo vi otra nube. Esta tenía la forma exacta de la Santísima Madre. Yo podía ver su cara, sus brazos, sus manos, perfectamente. Eso me dió la certeza que ella definitivamente estaba allí y que sabía para qué habíamos ido.

Tres meses más tarde, el 4 de diciembre, Jacques murió. Su muerte fue terrible hasta el final, el cual, por contraste, extrañamente estuvo lleno de paz. Se fue alejando en medio de un sueño liviano del que yo estuve muy agradecida después de todo lo que había sufrido.

Yo no temo tanto la muerte en sí misma porque he leído mucho sobre experiencias de quienes han estado cerca de la muerte, pero sí tengo miedo al proceso de morir. Yo creo que definitivamente existe otra vida. Jacques murió aquí en nuestro hogar y yo aprendí mucho de ello: un minuto él estaba respirando y al siguiente lo sentí verdaderamente morir. No quedó nada sobre su cama—*Nada!* Y es imposible que algo esté allí y luego simplemente desaparezca en el aire. Su personalidad, su ser, fueron a alguna parte.

He asistido a un taller sobre la muerte y el proceso de morir dirigido por Raymond Moody y George Anderson. Mi familia, amigos—y hasta las hermanas de un hospicio—todos me alentaron a ir. Hay un libro escrito por George que se llama *We Don't Die [No morimos]* y, a través de él, Jacques pudo expresarse y comunicarse conmigo. El me aseguró que no hay nada que temer. El me dijo que cuando llegue al otro lado, vamos a saber por qué debimos padecer esta horrible enfermedad, pero que por ahora debo seguir viviendo. Jacques me dijo que voy a morir mientras esté dormida, y que cuando eso suceda, él estará esperándome.

Se dice que cuando uno muere, siempre hay alguien allí esperándolo, listo para hacerle conocer el otro plano donde se va a residir. Hacia el final de su vida, Jacques me susurró: "Siento mucho terminar así, porque teníamos tantos planes . . . " "Está bien," le contesté, "tú estás listo para partir y la Madre te está esperando." El quería tanto a mi madre que murió el día de su cumpleaños. Yo creo que ella lo estaba llamando, que era su deseo de cumpleaños.

Yo sé que la Santísima Madre ha estado conmigo, tranquilizando mi ansiedad, preparándome para lo que va a venir. He ido a verla a Medjugorje y también a Lourdes, pero no necesitaba hacer esos viajes para sentir su presencia. Ella está aquí conmigo en mi habitación.

Ella nos puede enseñar tanto, las muchas cosas que necesitamos aprender. Realmente debemos trabajar para ganar conocimiento espiritual, para ser más abiertos. Tenemos que aprender a prestar atención a las coincidencias de nuestras vidas, descubrir qué es lo que significan, lo que Dios está tratando de decirnos. Es muy interesante y yo me he sorprendido que mucha más gente no estuviera interesada en las cosas espirituales antes. Ahora lo están. La gente siente curiosidad respecto a tales cosas.

Quieren saber más y eso es muy esclarecedor.

Yo espero que exista una Francia en el cielo. Yo amo ese país y sé que es allí donde Jacques hubiera querido residir.

DENYSE AUFFRET
*East Rockaway, Nueva York*

EL DOMINGO 3 de enero de 1993, mis dos hijas mayores (de veinte y veinticuatro años), una amiga de mi hija menor y una amiga mía, hicimos planes para ir de peregrinación. Queríamos ir a Marlboro, Nueva Jersey, donde se dice que Nuestra Señora se le apareció repetidamente a un señor llamado Joseph Januszkiewicz. Terminamos saliendo más tarde de lo esperado porque mi hija Mary Jo es enfermera en el hospital Nueva Rochelle en Westchester y su guardia no terminaba hasta las seis. Yo estaba preocupada pensando en que no íbamos a llegar al lugar de la aparición a tiempo para ver a Nuestra Señora. Mi inquietud aumentó cuando vi que todas las calles que llevaban a la casa del señor Januszkiewicz tenían carteles de "No estacionar". Las apariciones de María en este lugar eran tan conocidas que la gente de la ciudad hacía que los sargentos de la policía vinieran al barrio a dirigir el tráfico para desviarlo a lotes de estacionamiento de la ciudad, que quedaba a dos millas.

Caminamos rapidito en una temperatura como de 5 grados centígrados, pero el frío nos molestaba mucho menos que la posibilidad de perdernos de ver a Nuestra Señora. Rezamos durante todo el camino a la casa, pidiéndole que nos esperara, cosa que ella hizo.

Dos mil personas se habían congregado en el patio posterior de la casa del señor Januszkiewicz donde él había levantado un pesebre cerca de su piscina y, por supuesto, el santuario que había construido en honor a Nuestra Señora.

Durante los meses de verano, las multitudes superaban las diez mil personas y siempre había oficiales de la policía a mano. En la propiedad se habían instalado también seis excusados portátiles.

El señor Januszkiewicz salió de la casa y se dirigió al santuario. Había allí una gran estatua de María vestida de blanco al lado de una gran cruz. Ambas estaban rodeadas de arbustos que la gente había adornado con rosas blancas y amarillas para Nuestra Señora. El señor Januszkiewicz se detuvo frente a la estatua y pareció comenzar a rezar. De repente, él cayó de rodillas y la gente se mantuvo en silencio durante los aproximadamente ocho minutos que Nuestra Señora estuvo con nosotros.

Cuando la gente comenzó a irse, en su mayoría todavía en relativo silencio a raíz de la experiencia que habían compartido, mis hijas y yo decidimos quedarnos un rato más. Queríamos ver más de cerca el santuario. Esto no fue tan fácil como habíamos pensado porque nosotros nos movíamos en dirección opuesta de la multitud, así que nos quedamos paradas a la derecha del santuario y esperamos que la mayoría de la gente se retirara.

Mientras nosotras nos quedábamos allí de pie, otra persona presente gritó que Nuestra Señora no se había ido, que estaba todavía allí. La mujer había estado observando todo desde el techo de una casa vecina cuando descubrió que la Santísima Virgen andaba merodeando por sobre las copas de los árboles. La mujer lloraba y le hablaba a Nuestra Señora, parte en inglés y parte en otro idioma que alguien me dijo era filipino. Naturalmente volvimos la mirada hacia la dirección que ella estaba señalando y, aunque yo no vi a Nuestra Señora personalmente, todos fuimos sacu-didos por el fuerte aroma a rosas que permeaba el aire.

Mi hija más joven, Lisa, estaba en su primer año de universidad en Fordham University, estudiando principalmente sicología y teología. Tan pronto como ella sintió el perfume a rosas, comenzó a reir, llorar y temblar, todo al mismo tiempo. Ella veía a Nuestra Señora y la describió diciendo que llevaba un vestido blanco, con un velo azul sobre la cabeza y una corona de rosas de color coral. Lisa dijo que había luces azules y blancas que bailaban sobre la cabeza de Nuestra Señora, eclipsando todo lo que había a su alrededor, hasta los árboles.

Mary Jo y yo hemos visitado otros lugares donde han habido apariciones, incluso Medjugorje y

Conyers, Georgia. Ambas sabemos, sin dudarlo, que Nuestra Señora también se apareció en verdad en Marlboro, Nueva Jersey.

Mi amiga Dorothy, quien estaba con nosotras y quien ha recibido recientemente su título de maestría en arte y enseña en dos escuelas, también vió la silueta de Nuestra Señora.

Aunque esta experiencia fue maravillosa para todas nosotras, la que recibió un don real de la Santísima Madre fue Annette, la amiga de Lisa. Annette, quien también estudiaba en Fordham, había perdido a su madre hacía dos años y medio y el dolor por esa pérdida aún no se había abatido. Durante todo ese tiempo, ella había estado de duelo y luchando contra una terrible depresión, pero cuando Nuestra Señora se apareció esa noche, le habló directamente a Annette: le dijo que su madre estaba en el cielo con ella y que ella cuidaba de Annette desde allí. La joven lloró toda la noche pero, por primera vez en casi tres años, sus lágrimas eran de alegría. Ahora sonríe de nuevo y disfruta de la vida, que es exactamente lo que Nuestra Señora desea para todos nosotros.

MARY LIMONGELLI
*Hartsdale, Nueva York*

# MARIE

PAUL Y YO NOS casamos en mayo de 1988 y en septiembre, Mary Ann, su madre, fue diagnosticada con una rara clase de cáncer de ovario. Paul quedó hecho añicos y con toda razón. Su padre había muerto de un tumor cerebral cuando él tenía sólo tres años y su madre los había criado a él, su hermano y tres hermanas completamente sola, trabajando como enfermera en una unidad coronaria. Nuestras familias eran muy amigas, lo que es una verdadera bendición que nos ha dado fortaleza una y otra vez.

En 1989, se le dió a Mary Ann poco tiempo de vida, sin que hubiera esperanza de recuperación. La cirujía y los tratamientos no la habían ayudado en absoluto. De hecho, pronto estuvo totalmente postrada en la cama con un tumor abdominal tan grande que parecía estar embarazada. Todos sabíamos que se estaba muriendo.

En el otoño de 1989, Paul, quien es fotógrafo y editor de noticias para la televisión, empezó a trabajar con el Canal KDKA de Pittsburgh, donde conoció a un colega fotógrafo de noticieros quien había estado recientemente en Medjugorje. El había sido curado milagrosamente, en cuerpo y espíritu, a través de la gracia de la Santísima Madre. Para él, éste fue un hecho que cambió tanto su vida que quería compartir la experiencia con otros y estaba organizando un viaje con un grupo. Cuando se enteró de lo que le pasaba a la madre de Paul, él sugirió que la lleváramos a Medjugorje para ver si podía ser curada por la intercesión de la Santísima Madre.

Paul estaba completamente de acuerdo mientras que mi reacción fue: "¿Estás loco? Un minutito. Yo nunca he puesto un pie en un avión y quieres que vaya ¿dónde? ¿Medja...qué?" Yo repetía todo el tiempo: "¿Por qué tenemos que arrastrarla hasta Yugoslavia? ¿No nos escucha la Santísima Madre si le hablamos desde aquí?" Yo estaba realmente molesta. Además, no teníamos el dinero, pero Paul intervino y ahora dejo que él continúe con el relato de lo que sucedió después.

## PAUL

YO REALMENTE quería que Marie y yo hiciéramos el viaje por mi madre, pero quería que ella también sintiera que eso era lo correcto. Así que yo le dije: "Esto es lo mismo que si yo dijera que te amo, pero nunca hiciera nada por tí o en apoyo de nuestro matrimonio. Siempre le decimos a Dios que lo queremos, pero nunca hacemos nada por Él. Esta es la forma en que le podemos demostrar a Dios y la Santísima Madre, que tenemos fe en ellos, que los amamos."

Marie quedó convencida después de estas palabras pero luego vinieron los médicos de mi madre que nos dijeron: "*¡De ninguna manera!*" Estaban seguros que ella no iba a sobrevivir el viaje. Y, francamente, yo no sabía si iba a durar lo suficiente como para hacer el viaje.

Para esta época yo también había perdido a mi abuela a quien había querido mucho. Ella murió a los noventa años, pero mi mamá se veía igualita a ella. Los tratamientos de radiación y terapia química la habían devastado y el tumor seguía adherido al hígado y otros órganos vitales. El cáncer también había continuado extendiéndose por todo el cuerpo. Parecía que no iba a durar ni un día más, y entonces Marie y yo empezamos a preguntarnos si hacíamos bien en ir. Si ella moría durante nuestra ausencia, probablemente no íbamos a poder regresar. Al final, mi colega nos convenció que fuéramos por ella y que no nos preocupáramos porque todo iba a salir bien. Así que, a comienzos de 1990, hicimos el viaje.

Todos los días rezábamos por mi madre y en el tercero o cuarto día, Marie y yo comenzamos a sentir esta gracia increíble que nos envolvía. Se fue insinuando muy rápido y con tanta fuerza que nos pareció estar entrando en los confines del cielo. Estábamos abrumados por un sentimiento de paz y de tener un propósito, a tal extremo ¡que decidimos quedarnos y tratar de ganarnos la vida en Medjugorje! Pero entonces nos dimos cuenta que la Santísima Madre tenía otra cosa en su mente. Un sacerdote muy especial de un pueblo vecino aclaró muy bien el por qué gente como Marie y yo veníamos a Medjugorje.

El padre Jozo dijo algo que realmente nos ha quedado grabado: "La razón por la cual la Santísima Madre quiere que la gente venga aquí, a Medjugorje, en lugar de andar ella por el mundo convirtiendo almas, es muy simple. Ella lo hace aquí porque necesita alejarnos de nuestros ambientes hostiles espiritualmente y atraernos a su propio ambiente donde ella puede actuar sobre nuestros corazones y luego mandarnos de vuelta al mundo. De la misma manera, no le pediríamos a un cirujano que viniera a nuestra casa a operarnos. Sería muy peligroso, así que por ello vamos a un ambiente que es mucho más conducente a que nos curemos mejor." ¡Creo que nuestro destino no era quedarnos!

## MARIE

PARA CUANDO volvimos a casa, Mary Ann no sólo estaba con vida sino que se sentaba en la cama, mucho más fuerte que antes de nuestra partida. El Viernes Santo de 1990 se le hizo una sonografía ¡y no pudieron encontrar ningún tumor! Los técnicos del hospital local estaban tan confundidos que pensaron que había algún problema con sus aparatos y la mandaron a otro hospital para que le volvieran a hacer el examen. Allí encontraron trazas del tumor pero se había reducido a la décima parte de su tamaño. Los doctores le hicieron toda clase de exámenes. Hasta trajeron un especialista para que hiciera un estudio de su estructura ósea ¡para estar seguros de que se trataba de la misma persona!

Poco después de que tuvimos los resultados de todos estos exámenes, la madre de Paul fue declarada curada de su cáncer. Los doctores nos dijeron que no podían llamar "remisión" a su curación porque había sido mucho más que eso, pero ellos no tenían un término científico que explicara cómo una masa de tumor podía virtualmente desaparecer. Pero nosotros sabíamos que habíamos estado en los confines del cielo y que habíamos abierto nuestros corazones y la Santísima Madre había escuchado nuestras plegarias.

Mary Ann volvió a trabajar a tiempo completo como enfermera de la unidad coronaria, sintiéndose absolutamente bien y continuando su vida sin tratamiento médico durante un año. Ella vivía con alegría y agradecida por el tiempo extra que le había sido concedido.

Paul, Mary Ann y yo decidimos que queríamos volver a Medjugorje, esta vez para agradecerle a la Santísima Madre su intercesión. El viaje fue fantástico, pero en el vuelo de regreso Mary Ann comenzó a sentirse enferma. Atribuimos su malestar a la fatiga del viaje, pero, después de varios días, aún se sentía mal. Regresó al hospital donde descubrieron que su cáncer había vuelto, esta vez en el colon. La operaron y le hicieron intensa terapia química y radiaciones. Continuó con sus tratamientos durante casi dos años, pero en mayo de 1993 Mary Ann falleció.

Ella murió en su casa, con todos reunidos alrededor de su cama. Le dijimos: "Mamá, vas a un lugar mejor donde no vas a estar enferma nunca más. Todos te vamos a extrañar—pero te queremos mucho y estamos realmente contentos que tus sufrimientos tengan fin pronto."

Mary Ann había querido mucho a su marido y lo había extrañado desde su muerte. Ahora tendría la oportunidad de verlo nuevamente y de estar junto a él otra vez.

Fue terrible, horrendamente triste, pero hubo

como una paz definitiva respecto a su muerte y ese tipo de paz sólo puede provenir de Dios. El hermano mayor de Paul, quien vive en Nueva York, fue el único ausente el día de su muerte. El tomó un avión tan pronto como supo que su fin estaba cerca, pero llegó dos horas tarde. Fue muy difícil para Paul decirle que ella ya se había ido ¡pero todos pensamos que se había ido directo al cielo!

Esta mujer, Mary Ann, estuvo tan enferma y ¡*nunca* se quejó! Nunca dijo una palabra sobre su cáncer y si uno le preguntaba cómo andaba, ella siempre sonreía, decía que estaba bien. Ella nunca se deprimió. Yo sé que lo que digo no va a parecer ecuánime, pero Mary Ann Ruggieri fue una mujer de gracia y compasión increíbles. Durante el servicio funerario escuchamos gente, pacientes de ella de hacía veinte años, decir: "Saben, Mary Ann se pasaba toda la noche levantada ¡sosteniéndome la mano!" ¡Era realmente increíble!

Cuando a Mary Ann le dijeron que ya no tenía cáncer, Paul le había hecho la promesa a la Santísima Madre de que iba a hacer algo por ella, no sabía qué. Decidió hacer uso de sus conocimientos en comunicaciones y comenzó a hablar en las escuelas contra la violencia de los programas de televisión y los videos de rock que pueden afectar negativamente a la gente joven. Ambos creemos que es importante difundir las palabras de la Santísima Madre entre los jóvenes, ayudar a educarlos para que en su futuro el desarrollo espiritual tenga su lugar. Con el tiempo, Paul llegó a escribir un librito llamado *Answers for Troubled Times [Respuestas para los tiempos de tribulación]*. El libro incluye preguntas y respuestas sobre las verdaderas enseñanzas de la iglesia y Paul ahora viaja por todo el país hablando ante jóvenes de todos lados.

El tiempo extra que tuvo Mary Ann para disfrutar de la vida en esta tierra fue definitivamente una bendición de Dios. Ese año nos dió a Paul y a mí guía y proyectos para toda la vida.

PAUL Y MARIE RUGGIERI
*Pittsburgh, Pennsylvania*

MIS EXPERIENCIAS con la Santísima Madre durante toda mi vida han sido realmente asombrosas. Lo que las hace tan especiales es que no sólo me dieron el don de la vida, sino que me enseñaron sobre la muerte. Ese es el mensaje que yo realmente quiero compartir.

Las enfermedades han sido el factor catalítico para que la Santísima Madre se acercara a mí. La primera vez ocurrió cuando yo tenía diecinueve años. Me enfermé de polio, o para ser más exacta, fui infectada por un virus de la familia del polio. En la década de 1950, antes del descubrimiento de la vacuna Salk, se esperaba que cualquiera que contrajera polio se tenía que enfermar de poliomielitis, pero el hecho científico es que hay muchos virus de diferente nivel. Una amiga mía se había enfermado de polio. Yo me encontré con su marido, un día, en la calle, y le invité a ir a algún lugar a tomar un café, lo que hicimos. Sin saberlo, este señor debe haber sido un portador del virus porque catorce días más tarde yo caí enferma—tan, tan enferma que tuve que ser hospitalizada y el diagnóstico fue polio.

Esto sucedió en una época durante la cual yo estaba muy abrumada y en un estado de salud crítico, así que me resulta difícil recordar todo lo que aconteció durante mi enfermedad. Pero una noche, de repente, se me apareció una mujer, de pie, en medio de la habitación. Era de una belleza que dejaba alelada, y detrás de ella había un túnel de luz, como un resplandor estrecho y dorado que llevaba desde donde ella estaba hasta un lugar fuera de la habitación, del hospital. Yo no tuve para nada miedo de la mujer ni del túnel. Mientras ella se trasladaba al rincón más lejano de la habitación, yo recuerdo haber pensado: "¿Quién es esta mujer? Ella es la persona más bella que yo haya visto en toda mi vida." Y me preguntaba por qué me habría venido a visitar.

Enseguida de que tomé conciencia, vi que la enfermera me estaba tomando el pulso y me dí cuenta que había estado soñando y que la presencia de la enfermera en la habitación había provocado mi visión. Yo me recuperé completamente de mi ataque de polio y no volví a pensar durante muchos años sobre la hermosa mujer y el túnel.

Un tiempo después, en 1978, mi marido y yo estábamos pasando nuestras vacaciones en México, donde ambos nos dedicamos a zambullirnos y nadar, cosa que ambos disfrutamos. Varios de nosotros caímos con un mal que parecía ser una gripe. Estábamos doloridos y con malestares y las gargantas nos dolían mucho. Todos se recuperaron menos yo. Continué enfermándome cada vez más y cuando estuve de regreso en casa, en Nueva York, mi médico insistió en hacer una punción en la columna. Mandó el fluído de la columna al Centro para el Control de las Enfermedades Tropicales de Atlanta para que lo analizaran, y yo seguí empeorando de tal manera que tuve que ser hospitalizada.

Mi marido estaba profundamente preocupado y se sentaba al lado de mi cama, día y noche, velando por mí y alentándome. Y fue durante una de esas vigilias que él vió que yo había dejado de respirar. Lleno de pánico llamó a las enfermeras y al médico, quienes vinieron rápido y me pusieron agujas que me conectaban con aparatos con pantallas para seguir mis funciones. Fue mi marido quien me contó todo esto porque lo único que yo recuerdo, además que estaba muy confusa y desorientada por las muchas actividades y ruidos, fue que me fui. Me fui de la cama, de la habitación, del hospital.

Simplemente dejé todos esos ruidos y ajetreos y pánico y me encontré en una habitación oscura que era cálida y confortable y *bella*. Como salida de la oscuridad, en un rincón de la habitación, apareció esta hermosa mujer, y esta vez yo supe que estaba mirando a la Santísima Madre. De nuevo, detrás suyo, brillaba ese túnel de luz resplandeciente. Yo me incliné hacia ella y le dije: "Si pudieras venir un poquito más cerca yo tomaría tu mano y me iría contigo." ¡Era absolutamente hermosa! Llevaba puesta una túnica larga blanca con algún bordado en oro. Es realmente tan difícil describir su clase particular de belleza. Era alguien a quien uno quería amar de inmediato ¡y yo lo hice! Yo quería irme con ella de todas maneras, pero ella me contestó: "No, Martha, no puedes venir conmigo ahora. Tienes cosas que hacer." Su voz era bondadosa pero firme, y yo supe que, por mucho que quisiera estar con ella, no me iba a permitir irme. Yo continué viajando varias veces desde mi habitación de hospital a la habitación oscura, llena de paz y del amor de la Santísima Madre, pero, por supuesto, al final terminé en la habitación con los tubos y las agujas en mi cuerpo.

Las dos únicas veces que yo había estado seriamente enferma fueron las dos veces que fui atacada por el virus de la polio—y ambas veces fui visitada por la Virgen María. Después estuve sana durante bastante tiempo, pero cuando me volví a enfermar otra vez fue muy gravemente.

Eso fue en mayo de 1991. Esta vez el diagnóstico fue cáncer de colon. Se me operó inmediatamente y la operación mostró que el cáncer se había extendido del colon al abdómen y había invadido el sistema linfático. Mi médico me puso en un tratamiento que consistía en treinta y cinco sesiones de radioterapia seguidas de terapia química. En noviembre, después de seis meses de esta rutina agotadora, se me repitieron los exámenes y el resultado fue que estaba curada del cáncer.

Por la gracia de Dios había sido sanada. Pero mi médico quería estar seguro que no iba a tener una recaída, así que continué con la terapia química.

La vez siguiente que me sometí a todos los exámenes fue en febrero de 1992 y esta vez los resultados fueron de naturaleza bien diferente: el cáncer había vuelto. Mi cirujano se reunió conmigo y mi familia para darnos la terrible noticia. Debido a que mi recaída había sido tan rápida, y debido a que el cáncer parecía ser de una naturaleza muy agresiva, su pronóstico sobre mi salud no fue bueno. El dijo que, estadísticamente, en el mejor de los casos, no iba a tener más de dos años de vida.

Mi oncólogo recomendó que continuara con la terapia química durante tres meses y que luego volvería a hacer los exámenes para decidir cuáles serían las siguientes medidas a tomar, como por ejemplo otra operación. Mi familia y yo decidimos, sin embargo, buscar una segunda opinión. Fuimos a consultar a un doctor del hospital Cedars of Lebanon de Miami, Florida. El presentó mi caso a un panel de sus pares y su opinión médica experta fue que no se hiciera nada durante unos meses. Como yo estaba sintiéndome relativamente bien en esa época, y como el pronóstico era tan malo, ellos no veían que pudiéramos obtener un beneficio especial con más operaciones o terapia química. Por lo tanto, decidí terminar con los tratamientos. Eso fue el 15 de febrero de 1992.

Yo había oído sobre las apariciones de la Santísima Madre a una señora llamada Nancy Fowler en Conyers, Georgia. Mi marido y yo hicimos el viaje allí, un viaje que me pareció particularmente santo bajo las circunstancias—con el milagro del sol que tornaba el cielo naranja, verde, lila, rosa y salpicado de colores, además de un extraordinario arco iris que vimos mientras manejábamos, que se extendía de un horizonte al otro como una cinta de vida.

Uno de los efectos colaterales que yo había venido sufriendo desde la primera operación y tratamientos de radiación era una diarrea constante y dolores en el abdomen. Pero durante toda nuestra estadía en Conyers yo estuve bien—al minuto de partir, sin embargo, yo andaba desesperada buscando el baño más próximo.

Pero, ciertamente ¡esa no fue la culminación de mi visita a Conyers! Un sacerdote que había tenido noticias de mi enfermedad me habló de una monja quien rezaba por la gente que estaba mortalmente enferma. La hermana Connie Galisino del hospital San Francisco de Greenville, Carolina del Sur, había tenido bastante éxito en su administración de curaciones. Ella no se adjudicaba ningún don especial para efectuar curas—ni nadie lo hacía en su nombre—pero se decía que a menudo podía proporcionar paz, armonía emocional y curaciones a los enfermos y sus familias.

Hicimos los arreglos para tener una cita con

Connie poco después de dejar la casa donde suceden las apariciones de Nuestra Señora. Mientras ella oraba por mí, fue una cosa rara, realmente, pero yo inmediatamente sentí una corriente cálida recorrer mi cuerpo entero, de la cabeza, por la cara, a lo largo de mi torso, hasta la punta de los pies. Yo comencé a temblar y lo que siguió fue que volví a estar en ese lugar oscuro, tranquilo, de paz, con la luz cálida en el centro. Varios minutos más tarde yo abrí los ojos y me encontré tirada sobre el césped. Yo había perdido el conocimiento.

Estuve desesperadamente enferma durante dos semanas después de nuestro regreso a casa, pero luego, sin aviso, yo comencé a cambiar—y los cambios fueron importantes y me dejaron sintiéndome más fuerte y saludable. Era ridículo, pero yo empecé a sentirme cada vez más liviana, como si un enorme peso se me hubiera quitado. Para el primero de mayo yo me sentía y me veía tan saludable como no lo había estado en años.

Por supuesto que nadie podía creer mi inexplicable mejoría—ni mis amigos, ni mi familia y, ciertamente, no mi médico. El 6 de mayo me dió la increíble noticia que ¡mi enfermedad estaba retrocediendo! Un crecimiento había desaparecido; el tamaño de mis nódulos linfáticos se había reducido—¡y yo me sentía bien! Luego, el 31 de julio, me hizo otros exámenes. Esta vez las noticias eran un reto a la ciencia médica: no tenía más cáncer de colon. Otro examen, éste hecho en enero de 1993, hizo que mi doctor no llamara a mi mejoría una remisión del cáncer ¡sino una verdadera cura!

Los doctores no saben cómo explicar por qué o cómo ocurrió la cura, pero yo lo sé. La Santísima Madre siempre ha velado por mí y yo rezo para que siga intercediendo por mi curación para que yo pueda ayudar a otros compartiendo lo que he aprendido.

Por haber sufrido enfermedades terribles y por haber vivido con cáncer, yo sé que no es necesario temer la muerte. Tal vez sea por ello que María me ha concedido más tiempo de vida, porque no quiere que yo me vaya con ella todavía y porque afirmó que yo tenía una tarea que cumplir aquí. Mi trabajo es hacerle saber a la gente que no deben temer algo que realmente es verdaderamente bello. Yo escribí un artículo sobre mi cáncer y mi fe para un periódico de aquí de Florida y hablo en reuniones de grupos de oración y asambleas espirituales tan seguido como sea posible. El Señor ha sido muy bueno conmigo, poniéndome en contacto con gente que padece cáncer, específicamente aquellos que recién comienzan o están por terminar su viaje.

Si mis experiencias y mi fe pueden servir de consuelo a otros, eso me hace feliz. Yo quiero que la gente sepa que la vida es gloriosa pero que también el otro lugar está bien. ¡Y que ese paso siguiente no es temible!

Yo espero que la gente aprenda cuánto más fácil es vivir sin aferrarse a la vida cuando uno ha aceptado la belleza que nos está esperando más allá de este mundo.

MARTHA SEDLAR
*Boca Ratón, Florida*

# F E

En la mañana, el medio día y la penumbra del
    crepúsculo,
María, tú me has oído cantar mis himnos:
En alegría y tristeza, en bienaventuranza e
    infortunio,
Madre de Dios, quédate conmigo todavía.
Mientras las horas pasaban fulgurantes,
Y ni una nube oscurecía el firmamento,
Mi alma, a menos que fuera vagabunda
Tu gracia reflejaba para tí y los tuyos.
Ahora que las tormentas del destino proyectan
Su oscuridad sobre mi presente y mi pasado,
Que brille radiante mi futuro
Con dulces esperanzas de tí y los tuyos.

EDGAR ALLAN POE

Nuestra Señora ha tenido un impacto realmente importante en mi vida y el haber estado
con ella en Medjugorje cambió todo para mí, desde
cómo veía la vida hasta mi carrera.

En 1987 yo fui a Europa con mi hermano menor.
Yo tenía alrededor de veintiún años en esa época y

cuando regresé a casa, mi tía nos preguntó si habíamos estado en Yugoslavia, cosa que no habíamos hecho. Desde tiempo atrás, ella había venido escuchando cosas sobre un lugar llamado Medjugorje y me entregó un artículo interesante sobre él. Aunque yo había sido criado de forma de estar abierto a Dios, y yo creía que las apariciones eran posibles, ese tipo de cosa no era parte de mi vida en ese momento.

Al año siguiente volví a Europa con mi hermano mayor. Habíamos trabajado como locos durante el año escolar, con dos empleos y sin descansar los fines de semana, para ahorrar suficiente dinero para cruzar Europa como mochileros. Mi hermano sólo podía quedarse un mes, pues luego debía regresar a trabajar. Nos separamos en Irlanda y yo decidí enfilar hacia Turquía porque había oído que allí se podían comprar prendas de cuero a precio razonable. Yo quería una chaqueta de cuero—el único motivo para cruzar toda Europa era comprarme esa chaqueta.

Yo no sabía mucho de geografía, pero cuando me puse a estudiar un mapa, descubrí que tendría que pasar por Yugoslavia. Pensé que por lo menos debía detenerme a ver qué había en Medjugorje, aunque todo lo que sabía era que ese lugar quedaba cerca de Sarajevo. En el camino tenía que cambiar de tren en Belgrado, donde debí pasar dos a tres horas de espera. Ocupé ese tiempo en averiguar cómo podía llegar a Medjugorje, pero nadie sabía nada sobre el lugar y además me era muy difícil comunicarme puesto que no conocía el idioma que hablaban. Terminé por perder el tren y por volverme más y más obsesionado por encontrar el remoto y pequeño pueblito de montaña. Yo creo que el único motivo por el cual yo estaba tan interesado era porque había leído sobre los milagros. Mi actitud en ese momento era algo así como: "Esto va a ser tan bueno. Voy a ver un milagro. Luego me voy a Turquía a comprarme una chaqueta de cuero. Cuando vuelva a casa todos van a estar impresionados por mi chaqueta y mis milagros."

Por casualidad encontré una sucursal de una compañía norteamericana de alquiler de automóviles. Presumiendo que alguien allí hablaría inglés, entré y un hombre que estaba devolviendo un automóvil escuchó—y comprendió—mis preguntas. El también había oído hablar de Medjugorje. No sabía exactamente dónde quedaba, pero sugirió que fuéramos a Mostar, un pueblo que él sabía estaba cerca. Yo tomé un tren casi convencido que me había metido en una aventura incierta, pero cuando el tren paró en la estación, vi que había varios vehículos de turismo con carteles que decían Medjugorje.

Hice arreglos con el conductor de un ómnibus y pronto me encontré frente al enorme campanario de la iglesia de Santiago. Yo estaba realmente excitado y pensaba: "Este es el lugar. Aquí es donde van a suceder milagros. Aquí es donde mi vida se convertirá en una aventura grande y hermosa."

A pesar de ser muy remota, la aldea estaba llenísima de gente y muchos de los peregrinos acampaban en tiendas de campaña, pues el alojamiento no era tan abundante como lo es ahora. Yo puse mi tienda junto a la de una familia irlandesa— una madre y sus dos hijas de alrededor de dieciséis y diez años. Ellas eran muy hospitalarias y me ofrecían té y me hablaban de los horarios en los cuales acontecía todo. Les pregunté si ya habían visto un milagro, lo que no era el caso, pero sí sabían mucho sobre la historia de Medjugorje. Pedí disculpas y, para no oír información que me aburría, me fui a la iglesia a escuchar la misa vespertina en inglés.

Me sorprendió ver las multitudes presentes allí, pero luego me enteré que habría una aparición a las seis y cuarenta. Las videntes estaban en el balcón, en la parte de atrás de la iglesia, donde Nuestra Señora se les aparecería. A la hora señalada yo miré por todos lados, pero no vi a la Santísima Madre en ningún lugar. Luego, la misa continuó y, en lo que a mí respecta, me pareció que duraba una eternidad. Regresé a mi tienda desilusionado y defraudado. Decidí quedarme tres días en este lugar, tres días a la espera de un milagro, y luego me iba.

Mi actitud no mejoró mucho al día siguiente. Subí a las dos montañas con mi cámara fotográfica pensando que cuando sucediera mi milagro lo iba a fotografiar. Esa tarde, durante el oficio religioso, quedé impresionado por la cantidad de personas de mi edad que rezaban piadosamente. Aún así sabía que esto no era para mí y que ellos no eran la clase de gente que me interesaba.

Al tercer día, dejé temprano el oficio religioso

para irme a empacar pues debía partir en el ómnibus de las ocho de la mañana del día siguiente. La señora irlandesa se sorprendió de que yo me fuera tan pronto y me invitó a que la acompañara a ella y sus dos hijas a subir uno de los montes.

Era una noche extremadamente oscura y tan pronto como empezamos a caminar yo comencé a sentirme realmente extraño, llorón y casi sin control sobre mis emociones. A medida que nos acercábamos a la cumbre, mi estado se tornaba tan lamentable que lo único que yo quería hacer era llorar, pero me convencí a mi mismo que no podía hacerlo porque era un hombre ¡y los hombres no lloran delante de las mujeres! Yo estaba tragándome las lágrimas con mucho esfuerzo y apretando tanto las cuentas del rosario que pensé que se romperían. Estaba totalmente descontrolado, poco seguro de mí mismo, pero no podía hacer nada, no podía retener las lágrimas un segundo más.

Aún cuando estaba en medio de mis sollozos yo sentí que María me envolvía con su manto de paz. La intensidad de su amor era abrumadora. Me sentí en un lugar cálido, protegido y seguro. De repente toda mi vida parecía tener sentido—entonces entendí que el milagro que había estado buscando estaba ocurriendo en ese instante, dentro de mí. Yo había sido atraído al lugar para aprender eso y me sentía muy contento. ¡Fue como si mi vida se hubiera convertido en un punto de admiración!

No me fui a la mañana siguiente. Pasé el resto del tiempo que me quedaba en Europa, lo que era alrededor de un mes, en Medjugorje. Mi vida nunca volvió a ser la misma. La energía que había en ese lugar se convirtió en parte mía y yo quise ser parte de él con todas mis fuerzas. Yo estaba estudiando administración en la universidad y, hasta ese momento, había estado haciendo planes para dedicarme a *marketing*, pero, de repente, comprendí que debía hacer algo con mi vida que no fuera simplemente para mi propia ganancia. Comencé a rever mi persona, mis metas, hacia dónde iba y lo que necesitaba.

Cuando volví a casa le dije a mis padres que quería regresar a Medjugorje para Navidad y todos los días le rezaba a Nuestra Señora para que me ayudara a conseguir los medios para hacerlo. Yo creía que tenía un don, pero no sabía cuál. Yo creía que tenía algo que ver con ser generoso y necesitaba volver a ese lugar y aprender más.

Comencé a trabajar en otro empleo para ganar más dinero. Luego, un día, en septiembre, uno de mis hermanos vio un sobre frente a nuestra puerta con mi nombre escrito en él. No había nada más, ni sello de correos, sólo mi nombre. Abrí el sobre y tampoco había carta alguna—¡pero encontré allí quinientos dólares en efectivo! No lo podía creer. Le pregunté a todos mis conocidos si habían sido ellos quienes los habían dejado y mi madre le preguntó a todos los miembros de la familia. Nadie sabía de dónde había venido el dinero. Nuestra Señora sin duda había respondido a mis plegarias, y yo ahora contaba con lo suficiente para mi pasaje aéreo a Yugoslavia.

\*     \*     \*

Mi segundo viaje a Medjugorje fue muy diferente. Yo había pensado que podría retomar mi experiencia donde la había dejado, en la gran excitación de haber encontrado el significado de mi vida. Al contrario, las primeras dos semanas de mis cuarenta días de estadía las pasé en la depresión más total. Yo sentía dentro de mí una lucha sobre si dejar todo y volver a mi antigua vida o dar el paso siguiente en mi desarrollo espiritual. Estuve muy tentado de volverme a casa, pero no lo hice. Por el contrario, comencé a rezar constantemente y, de repente, un día, la depresión se fue. Yo sentí que había sido elevado a un nivel enteramente nuevo de mi espiritualidad.

De las cuatro ocasiones en que he estado en Medjugorje, durante esa segunda visita fue la única vez que sentí la tentación de abandonar la empresa. Fue el punto culminante de mi vida y me enseñó a nunca dejar de tener esperanza. No es que algo realmente terrible estuviera ocurriendo en mi vida, pero lo que aprendí fue a perseverar, a tener fe y seguir adelante.

Para mí, Medjugorje es un pedazo de cielo en la tierra. Es un lugar que realmente no existe en la realidad mundana, así que es una lucha mantener todos los sentimientos maravillosos que uno experimenta allí cuando se regresa al mundo real—seguir viviendo las lecciones en lugar de archivarlas hasta el próximo viaje espiritual.

Ahora estoy en el tercer año de la facultad de

medicina y me siento inspirado a practicar las artes de curar. He tenido que hacer un esfuerzo para encontrar tiempo para mis rezos. Cuando comencé la facultad de medicina, por un momento perdí esa costumbre. Todo el tiempo estaba distraído, debía dedicar todo el día a estudiar. Y, sin embargo, cada vez que yo planificaba mi jornada con tiempo para rezar, los brazos de Nuestra Señora estaban completamente abiertos, listos para recibirme.

Rezo a la mañana por la gente que voy a ver ese día. Ahora examino más pacientes y rezo para que cuando mire dentro de sus ojos vea a Dios.

Yo creo que todos somos seres espirituales pero que muchas veces dejamos que esa parte nuestra se debilite. Cuando se nos da una oportunidad de alimentarla, como se me dió en Medjugorje, esa parte se recupera y crece porque es amada y sustentada. Nuestra Señora me ha concedido un don increíble dejándome sentir el poder de la oración. Ella nos dice que recemos por la paz y yo creo que ello significa la paz de nuestros corazones. Si tenemos eso, seremos capaces de amar y aceptar al prójimo tal como es, de la misma forma que Nuestra Señora nos acepta a cada uno. A través de las plegarias a la Virgen me fue dada la fortaleza y confianza para animarme a cambiar a fin de que, así lo espero, pueda hacer algo positivo en este mundo.

TONY MADRID
*La Mirada, California*

Desde mi infancia yo he realizado un largo y arduo viaje para encontrar paz dentro de mí. Crecí en el seno de una familia judía que tenía resentimiento hacia la cristiandad, que es hacia donde yo me he inclinado. El conflicto interno me dejó confuso y, contemplando mi vida pasada, no puedo creer la carga de amargura, vergüenza y hasta odio que he llevado sobre mí.

Hace unos doce años, yo comencé a ver cruces en todas partes. Aparecían en el teclado de mi computadora cuando yo estaba en mi trabajo, en el camino mientras manejaba, en el ojo de mi mente cuando me vencía el sueño. Yo había estado haciendo meditación desde 1976, pero estas visiones de cruces nunca antes me habían sucedido. Como yo había sido criado en la tradición judía, estaba obviamente confundido, y un poco perturbado, por estas imágenes, así que fui a ver un rabino para discutir el tema. El sugirió, muy sabiamente, que tal vez yo estuviera descuidando mi vida espiritual—lo que, definitivamente, era cierto.

Entonces comencé a tomar clases de espiritualidad para tratar de entender lo que estaba sintiendo. También comencé a tener sueños místicos que me dejaban con la impresión de que había una presencia especial en mi vida. Esta sensación era a la par aterrorizadora y eufórica porque me ayudaba a darme cuenta de cuán vacío yo había estado por dentro.

Las clases que yo tomaba eran dictadas en la Universidad John F. Kennedy, en la Escuela para Graduados en Estudios de los Estados de la Conciencia, y estaban intensamente orientadas hacia el crecimiento personal. Este fue un período de mucho esclarecimiento para mí porque cada uno debía hacer su propia práctica espiritual en la escuela—podía ser budismo, yoga o meditación, no tenía importancia siempre que uno se sintiera confortable practicándolo. Descubrí que tenía una real afinidad a la cristiandad y, en particular, al catolicismo. No debía haberme sorprendido por esta revelación, sabiendo cómo me había sentido desde siempre y las visiones de las cruces, pero aún así, era maravilloso sentir lo correcta que era esa afinidad y, desde entonces, mi pasión se ha encaminado en esa dirección.

En 1990 yo decidí hacer una peregrinación a Europa para ver una cantidad de lugares sagrados y ponerme en contacto más estrecho con mi nueva fe, así que hice planes para alejarme durante cuatro meses y medio. Visité Lourdes y La Salette y también varios santuarios sagrados, tales como el de la Madona Negra en una pequeña ciudad en las afueras de Zurich. Fue un viaje crucial para mí que me dió una forma de paz que yo nunca antes había conocido. Medjugorje fue particularmente especial.

Yo había estado viajando solo y cuando llegué a Medjugorje me sentí verdaderamente solitario.

Deseaba tener compañía, alguien con quien compartir esa experiencia. Medjugorje es tan pequeño que no hay una verdadera estación de ómnibus. Los vehículos paran a la orilla del camino y luego uno camina los dos kilómetros hasta el pueblo. Bueno, cuando yo comencé a caminar se me acercó un joven a quien yo reconocí por haberlo visto en otro lugar sagrado semanas antes. Nos habíamos hecho amigos en esa oportunidad y aquí estaba de nuevo para darme la camaradería que yo tanto necesitaba.

Él viajaba con su novia y una noche los tres nos quedamos despiertos hasta tarde, simplemente sentados mirando las estrellas en el cielo. ¡Es un área muy remota y pudimos ver como un millón de estrellas fugaces! Entonces, de repente, las estrellas comenzaron a tomar posiciones para formar una corona con tres círculos perfectos alineados, muy similar al dibujo del halo de María que yo tengo en casa. Alrededor de la triple corona estaban las estrellas fugaces, bailando, brillando, algo muy místico de ver.

Otra noche, después de oir que María le había dicho a una de las videntes que se iba a aparecer allí a las once de la noche, decidimos subir al Monte de las Apariciones. Había probablemente cerca de mil personas allí pero había mucha calma a pesar de haber tanta gente. De repente ¡hubo resplandores de luz que venían de todas partes, como un fulgor acá o allá, alrededor, arriba y en todas partes! Duró sólo un minuto, pero todos sentimos que la explosión de brillo era como un anuncio que María había estado allí trayéndonos paz y amor.

Cada vez que me siento solo o con miedo le rezo a la Virgen María. Para mí, ella es la Madre perfecta que nunca juzga y siempre consuela. Tengo muchas imágenes de la Santa Madre en mi habitación en mi casa y sobre mi escritorio, en el trabajo, y siempre que la necesito puedo simplemente mirar uno de los iconos o dibujos y la puedo sentir venir a mí, envolverme con su amor. María es la Madre que nunca me abandonó, que nunca me ridiculizó o me hizo sentir vergüenza. Ella está siempre allí y me ayuda en todos los aspectos de mi vida.

María me guía hasta en mis relaciones. Una señora que trabaja conmigo me preguntó qué era lo que yo buscaba en una relación a fin de presentarme a alguien, y yo le contesté que yo necesitaba estar con alguien que estuviera tan comprometido con su espiritualidad como lo estoy yo. Yo quiero alguien con quien ir a la iglesia, participar de ritos. Yo no voy a claudicar en mi amor por Dios, o María, aceptando algo que no sea una unión verdaderamente espiritual—aunque esto signifique quedarme soltero.

La espiritualidad es el foco de mi vida. Yo medito durante dos horas cada día, leo las diferentes escrituras y voy a clases de misticismo cristiano, particularmente. Cuanto más aprendo, más apasionado me vuelvo. Desde que tengo memoria, sin importar cuán dolorosas eran en ese momento las circunstancias de mi vida, yo siempre sentí, aunque aunque no fuera más del tamaño de un granito de arena, que existía algo me llamaba, me daba esperanza y fuerzas. Yo puedo oír una voz interior que dice lo siguiente: "Asciende. Ven a mí. Ven más cerca. Yo siempre estoy contigo." Y eso me consuela. Esta pasión, este anhelo de Dios, es mi vida. Es como un dolor en el corazón que nunca se va porque el llamado es tan fuerte.

Yo no sé cuáles son vuestras creencias sobre la reencarnación, pero creo que las mías explican mi pasión. Con un terapista yo tuve una regresión que fue muy real para mí. Se me dijo que yo había sido un sacerdote o un monje en una reencarnación anterior. Y cuando yo estuve en Asís, debo admitir que el lugar me pareció extrañamente conocido, como si yo ya hubiera estado allí. He estudiado la iglesia primitiva con bastante detalle y entiendo que existió un estudioso católico, Origen, quien también creía en la reencarnación. La iglesia debe haber temido que la gente no fuera a creer que necesitarían de la salvación que ofrecen los curas, así que el concepto fue borrado de las enseñanzas cristianas en 465. Nunca sabremos si esto aconteció con seguridad pero mi experiencia con la reencarnación es que es verdad—pero ciertamente yo acepto vuestras creencias si son diferentes.

Mi creencia en la reencarnación de ninguna manera disminuye mi amor por el catolicismo. Yo adoro ir a misa y siento mucho el espíritu y la paz que existen en la tradición católica.

Durante demasiado tiempo yo fui una persona más bien amarga y deprimida, extremadamente egoísta y lleno de resentimiento hacia la otra gente. La obra *A Course in Miracles [Un curso en milagros]* realmente me ha ayudado a superar esto mostrándome que mi sendero en esta vida es mi unión con Dios. Para lograrlo yo tuve que hacer cambios. Comencé por cambiar de trabajo—fui de negociar acuerdos por muchos millones de dólares en la industria de la defensa a trabajar en una firma dedicada al cuidado de la salud del comportamiento humano. Y ahora rezo por cada una de las personas, en lugar de tratar de sermonearlas. Yo he llegado a superar la amargura y el resentimiento y, lo que es más importante, a darme a los demás para ayudarlos a tener más fe y comprensión, por medio de una vida vivida con total espiritualidad, lo que es muy importante para mí.

Mi fe fue puesta dramáticamente a prueba unos cinco días después que yo me gradué de la universidad. Yo había salido esa noche y cuando regresé, a eso de las once, encontré que mi casa había sido destruída por un incendio. Aparentemente mi compañero de cuarto había estado preparando un asado y el jefe de bomberos piensa que un animal olfateó los restos de comida en la parrilla y la volteó. La vieja casa de madera donde vivíamos prendió fuego y yo perdí todas mis posesiones. ¡No quedó ni mi cepillo de dientes!

Yo llamé a mis padres, quienes vivían en la costa este, y ellos estuvieron, comprensiblemente, muy preocupados. Sin realmente creer en lo que les estaba diciendo, musité: "No se preocupen. Todo va a salir bien." Tan pronto como las palabras salieron de mi boca, me sobrecogió una sensación de paz y calma y supe que todo saldría bien. Cuando yo cuento esta historia, nadie que me conociera entonces puede creer que yo tuviera tal actitud ¡porque yo siempre me preocupaba por todo!

¡Las cosas resultaron mucho mejor que "bien"! La gente salió de no sé dónde para ayudarme. Personas que yo ni conocía me dieron cosas—personas que me desagradaban. Recibí ropa, estéreos, cámara fotográfica, televisión en colores, aparatos de cocina que yo no sabía ni cómo usar, como una sartén japonesa, una cacerola de barro, una plancha para waffles. El Ejército de Salvación y la Cruz Roja me ayudaron ¡y hasta mis padres lo hicieron! Yo creo que la presencia que antes no había sido más grande que un granito de arena se hizo cargo de la situación esa noche y se quedará conmigo para siempre.

Dicen que el camino más arduo va de la cabeza al corazón. Durante años yo he entendido intelectualmente todo lo que he estudiado sobre Dios, pero sólo recientemente me estoy permitiendo a mí mismo a entenderlo con el corazón. María me ha ayudado a ello. Ella me dió la experiencia de *sentir* su divina presencia actuando eficazmente sobre mi vida. Ella me ha hecho ver que Dios está realmente trabajando para mí. Es entonces que el anhelo espiritual, la cruzada espiritual, se convierte en lo que María nos desea a todos: fe.

SCOTT SCHNURMAN
*Concord, California*

Yo NACÍ EN TEJAS de padres mexicanos. Estoy casado con una campesina de Tennessee y tenemos nueve hijos y seis nietos.

He trabajado en radio y televisión toda mi vida. Como parte del *Show de Mike Douglas*, durante mis cuarenta y cinco años en el tema de las comunicaciones, yo conocí a todas las estrellas de cine que se me ocurre imaginar. Cuando trabajaba en la estación de NBC de Filadelfia, el canal 3, a menudo me pedían que fuera a hablar a las escuelas primarias o secundarias. Siempre aceptaba e iba—y lograba que todos los estudiantes se sintieran entusiasmados con sus vidas y descubrieran lo que debían hacer con el talento que Dios les había concedido.

En 1981 pasó algo extraordinario. La compañía para la cual trabajaba me invitó a hablar en la Universidad de Tejas. Esta vez mi misión era motivar e interesar a los estudiantes para que eligieran carreras en ciencias, matemáticas, espacio, robots, computación, etc. Cuando terminé mi charla de veinticinco minutos, el decano de la facultad de ingeniería y otros profesores vinieron corriendo hacia mí y me dijeron que los había emocionado. Algunos sintieron que yo les hablaba personalmente, que había contestado las preguntas que ellos tenían sobre sus vidas, su fe. Me invitaron a dar otra charla esta vez a los profesores. De nuevo acepté y mucha más gente se sintió tocada espiritualmente por mis palabras.

Luego comenzaron a llegar cartas de los estudiantes. Muchas de ellas expresaban el deseo de hacer grandes cosas en la vida. Algunos de estos estudiantes también hablaron de sus sentimientos de inadecuación a la vida y de cuántas veces habían pensado quitarse la vida. Ahora querían vivir.

Yo empecé a examinar por qué era que los otros eran movidos a cambiar luego de escuchar mis palabras. Yo nunca sabía lo que iba a decir y me preguntaba qué era lo que ellos oían. Recé y le pedí a Dios que contestara estos interrogantes.

En 1987 obtuve la respuesta, pero no de la manera que yo la esperaba. Un día, mientras me preparaba para salir hacia mi trabajo, me tropecé y caí por las escaleras desde el segundo piso. Cuando llegué al último escalón tenía fracturados el cóccix y el sacro. Los médicos me dijeron que el dolor iba a ser permanente y que, a menos que se me operara, iba a poder caminar sólo con gran esfuerzo y sufrimiento. Durante los cuatro meses que siguieron, viví en total agonía. Desesperado, al final terminé por aceptar que debía pedir la ayuda de María y Jesús. El Espíritu Santo vino a mí. Su mensaje era bien claro: yo había ofendido a una de las criaturas de Dios.

"¿Quiénes son sus hijos?" me preguntaba a mí mismo todo el tiempo. Y la respuesta era siempre: "Todos nosotros." Así que comencé por mi familia. No hubo respuesta allí. Seguí con mis compañeros de trabajo en el canal de TV donde yo tenía varios cientos de personas bajo mi supervisión. Tampoco hubo respuesta. Acto seguido me lancé en un viaje mental por todo el mundo buscando en los lugares más recónditos de mi mente a los amigos a quien podía haber ofendido. Al llegar a California di en el blanco. No lo podía creer, pero vi que había ofendido a ciertos amigos míos. Sin dudarlo tomé el teléfono y dije: "Antes que me cuelguen escuchen mi pedido de perdón. Me porté como un estúpido y lo siento mucho." Y lloré y ellos lloraron. Rezamos y ellos, a su vez me pidieron perdón. Después de pasar dos horas al teléfono corté la comunicación sintiéndome reanimado y contento. Me sentía libre.

Decidí agradecerle a Dios de una manera especial. Quería hacerlo de rodillas. Pero ¿cómo? No me podía mover un milímetro sin gritar. Estaba solo en la casa. Y una vez que estuviera de rodillas nunca me iba a poder levantar sin la ayuda de alguien. Yo siempre tuve dos teléfonos por si necesitaba ayuda. Pero, lo repito otra vez, yo tenía que darle gracias a Dios de rodillas.

Decidí rodar hacia el costado de mi cama y caerme al suelo. Y entonces fue cuando sucedió. Voy a describirlo de la manera que lo sentí, lo que aún hoy recuerdo claramente. Primero pensé que había habido un terremoto. Mi cuerpo subió por el aire y yo caí como a un metro de la cama. Caí exactamente sobre mi huesito dulce. Grité pidiendo ayuda. Estaba realmente aterrorizado.

Cuando caí al suelo dos cosas me vinieron a la mente. Aún cuando no hubiera tenido el cóccix ya roto ¡yo sentí que esta vez debía haber quedado completamente quebrado! Mi preocupación era cómo levantarme y meterme de nuevo en la cama. Estaba solo en la casa y necesitaba ayuda. Estiré el brazo derecho hacia la cama para ver si podía arrastrarme más cerca de ella. Hice esto muy despacito porque iba a doler—pero al estirarme no sentí nada. ¿Qué estaba pasando? Levanté todo el cuerpo del piso empujando con las dos manos y nada me dolió. ¡Era un misterio! Quise hacer la prueba definitiva. Me bajé la mano hacia la parte de atrás del cuerpo y me apreté el cóccix. Entonces fue cuando comencé a temblar porque no tenía ningún dolor.

Comencé a hablarle a Dios, con los ojos fijos en el cielo raso. "¿Se supone que esto es un milagro?" Y oí una voz en mi habitación: "¿Por qué no te levantas y caminas?" Increíblemente esa voz no me dió miedo. Yo le contesté: "¡Será mejor que no me duela!"

Me levanté ¡y no lo podía creer! Me puse a saltar como un niño diciendo:"¡No lo puedo creer! ¡No lo puedo creer!" Entonces corrí escalones arriba y escalones abajo por la misma escalera donde me había caído. Todo el tiempo me repetía que los milagros son posibles, pero no en nuestros días. Hace dos mil años, tal vez sí, pero no hoy y, especialmente, no a mí. Me puse de rodillas con facilidad, sin dolor, y le agradecí a la Santísima Madre y a todo el resto de los seres celestiales.

Bajé a la planta baja, me preparé un café y me senté a esperar el regreso de mi mujer y mi hija. Casi se desmayaron cuando me vieron en la cocina, con las pies sobre la mesa. Yo estaba feliz y sonriente tomando mi café. Les conté exactamente cómo había sucedido todo y fue mi hija la que dijo: "Fuiste tocado por el Espíritu Santo." Yo no tenía idea de lo que ella estaba diciendo pero la dejé continuar. "Es mejor que le preguntes a Dios el significado de esto. ¡Tal vez el tenga algo planificado para tí, papá!"

Fui al médico y las radiografías mostraron que no había ninguna fractura ni en el cóccix ni en el sacro. Mi esposa y yo prometimos rezar durante treinta días para agradecer lo ocurrido y para saber por qué había ocurrido. La primera de las muchas respuestas vino cuando fui invitado a hablar durante una convención de empleados de una compañía aérea importante de los Angeles.

Durante la cena, yo le conté al gerente de la costa oeste la milagrosa curación de mi huesito dulce. Mientras él escuchaba mi anécdota, sus ojos se iban abriendo. Luego dijo: "Yo pienso que usted ha venido aquí por otra razón. ¡Dios me lo ha mandado para que ayude a mi hermana!" Cuando le pregunté cuál era su problema me contó que ella había traba- jado como maestra en Alemania. Ahora la habían mandado de vuelta a casa, a morir, porque tenía un cáncer de ovario que se estaba extendiendo acelera- damente. Tenía unos treinta días de vida solamente. Él quería que yo la viera. Me negué. Ciertamente, yo no era un curandero y no quería que se hicieran ilusiones. No quería saber nada del asunto. Me pidió, me rogó, casi lloró: "¡Tiene treinta y tres años y yo no quiero que se muera!"

"¿Qué le voy a decir? ¿Qué voy a hacer?" le grité. "¿Por qué no dejas que Dios te diga lo que tienes que hacer y decir?" respondió. Al final, luego de cuatro horas y cuarenta tazas de café, la camarera empezó a amenazarnos con echarnos del lugar. Cedí y me fui a verla.

Yo dije cosas que nunca, nunca, pude haber soñado decir y cosas que yo no pude haber inventado. La puse a seguir un plan de tres puntos ¡cuando yo ni sabía lo que era un plan de tres puntos! Mientras le hablaba, comencé a ver cuál era su problema. Ella se negaba absolutamente a perdonar a su ex-marido. También odiaba a su hija mayor, porque se parecía al padre. Yo le dije sin ambages que no tenía otra salida. Aún así, se negaba a perdonarlo. Yo también le dije que el odio que ella sentía por su hija se manifestaba en todas las personas que la rodeaban, ella inclusive. "¡Si no comienzas a amar y perdonar a todos, ese odio te va a matar antes que el tumor canceroso que llevas dentro!"

Me levanté para irme asegurándole antes que iba a estar de regreso luego de treinta días. Me preguntó para qué iba a volver y le dije: "Para tu entierro. Por respeto a tu hermano y a tu familia, yo volveré para asistir a tu entierro. Vas a morir ¿lo sabes?" Luego añadí: "¿Sabes quién va a ser el que va a llorar más fuerte en tus funerales? ¡*Yo*! Anoche te rechacé durante cuatro horas en un restaurante. ¡Ni te quería ver!"

Me miró con estupor, y yo continué, añadiendo: "¿Por qué no puedes aceptar algo que Dios me está pidiendo que te diga? No tienes otra salida. Tienes que perdonar a tu ex-marido."

Al final cedió. Lloró y me abrazó, pidiéndome que la perdonara si eso era posible. "Por supuesto que lo es," le aseguré. "No es fácil, pero no tenemos otra alternativa. Las primeras palabras de Jesús en la cruz fueron: 'Padre, perdónalos porque no saben lo que hacen.' ¡Y mira todo lo que tuvo que sufrir!" Luego le pregunté: "¿Por qué tienes a tu marido colgando de tu cuello, torturándote? ¿Por qué no se lo entregas a Dios? Si realmente crees que merece ser castigado ¡que Dios se encargue de hacerlo!"

Volvió a llorar. Oramos juntos y yo le dije que durante los siguientes treinta días no rezara para que el cáncer se curara sino que pidiera que su alma se sanara. Que le rogara a Dios que le diera la fortaleza y el consejo necesarios para perdonar. Y lo hizo. Y el cáncer desapareció. Estuvo sorprendida ¡y yo también! Ocho años más tarde ella todavía está enseñando, de nuevo en Alemania y, por mi parte, yo he ido allí a hablar ante los militares norteamericanos.

Cuando regresé a mi casa le conté a mi mujer todo lo que había sucedido. Rezamos de nuevo, pidiendo respuestas, consejo, y los dos tuvimos la misma respuesta:

Yo era gerente de operaciones de la estación de TV. Me dedicaba a esto noche y día y ganaba mucho dinero. Realmente no sé lo que "mucho dinero" significa, pero ganaba arriba de cien mil dólares al año y además tenía toda clase de prebendas. Podía salir a comer en restaurantes. Podía alquilar automóviles, helicópteros, aviones, cuando se me ocurriera. Podía ir y venir donde se me antojara—pero no podía seguir sirviendo a dos patrones. O me quedaba en la estación de televisión, ganando dinero, sirviéndoles a los hombres, o le entregaba mi vida a Dios para servirle a Él. Tres semanas más tarde renuncié a mi trabajo y le entregué mi vida a Dios.

Eso sucedió hace ocho años y nunca he necesitado de nada. Fui empujado a ejercer un "ministerio" que hasta hoy me niego a llamar así. Si lo que ejerzo es un ministerio, se trata de uno muy simple, de amor—de compartir el amor de Dios. Comienza por amar y perdonar a cada uno.

He estado en todas partes del mundo, cinco veces en Irlanda y en Inglaterra, Puerto Rico, México y en todo Estados Unidos. Estoy disponible el año entero para cualquiera que me requiera. Si alguien llama, yo voy. Tengo tanto amor y compasión por la gente que todo lo que quiero de la vida es poder ayudar a quienes Dios pone en mi camino. Yo quisiera que otros abrieran sus corazones y mentes para ser y sentirse libres—para que nunca tengan miedo al amor. Entonces es cuando empiezan los milagros y nunca terminan.

Yo veo tanta gente que sufre y lucha, gente que ha perdido la fe. También he visto tantos milagros que suceden cuando dejamos que Dios nos ayude. Todos me decían que yo debería escribir un libro sobre la gente hambrienta espiritualmente que siempre busca soluciones, generalmente en los lugares errados. En 1992, lo hice. Se llama *Another Kind of Hunger [Otra clase de apetito]* y en este libro yo comparto una serie de milagros que Dios me permitió hacer o presenciar.

Cuando miro hacia los acontecimientos anteriores de mi vida veo que todo lo que me ha pasado en esos años, todo lo que me llevó a escribir mi libro, todo ello está justificado por lo que le pasó a esta pareja de casados: Una señora me llamó desde Alemania el año pasado para decirme que su matrimonio se había tornado turbulento y desesperado. Después de años de odio entre ella y su marido, decidió matarlo y luego suicidarse. Entonces alguien de Tejas le mandó por correo una copia de mi libro. Ella no lo pudo dejar hasta terminarlo. Le pidió a su marido que también lo leyera. Decidieron perdonarse mutuamente y ahora viven en paz. Ella sólo llamó para compartir su experiencia y para agradecerme por haber escrito el libro.

¿Es que no todos merecemos ser perdonados, tener la experiencia de vivir y amar de nuevo?

TONY ZÚNIGA
*Pendel, Pennsylvania*

YO CREO QUE SERÍA correcto decir que para mí la toma de conciencia de mi fe aconteció cuando cursaba el tercer grado en la Academia Militar para Jóvenes San José, pero entonces yo no tenía idea, ni la tuve por algún tiempo, que la Virgen María me estaba preparando para ser alguien especial. Aún así, ahora comprendo, mirando hacia el pasado, que esa base que recibí en el tercer grado me ayudó a vivir durante la década turbulenta de 1960, la politización de la década de 1970 y la codicia de la década de 1980. Esa base también estuvo conmigo en toda una serie de cambios de carrera, incluido mi servicio militar en el ejército de Estados Unidos y mi empleo como agente secreto en la sección narcóticos de una agencia de aplicación de la ley en Carolina del Sur. También he trabajado para una agencia de salud mental y luego de varios años en esto y lo de más allá, me incorporé a la Universidad de Pittsburgh para seguir un curso para graduados antes de decidirme, finalmente, a entrar en el negocio familiar que por setenta y cinco años había sido una funeraria.

Con el pasar de los años, a medida que fui madurando, yo me volví insensible, tenía gran cinismo respecto a una cantidad de cosas, incluidos Dios y la iglesia y la Santísima Madre. Extrañamente, a pesar de esta actitud, siempre me encontraba regresando a la iglesia el 25 de marzo, día de mi cumpleaños, creo que sólo para darle gracias a Dios por haberme concedido otro año. Con el tiempo supe que el 25 de marzo es la fiesta de la Anunciación, cuando el Arcángel San Gabriel se le apareció a la Santísima Virgen y el Verbo se hizo carne.

El día que cumplí los cuarenta y un años, el 25 de marzo de 1989, me levanté realmente insatisfecho con mi vida. Mi matrimonio no me hacía sentir particularmente realizado, mi vida en general me dejaba desasosegado; en síntesis, yo estaba pasando por la crisis de la mitad de la vida, pero a diferencia de la mayoría de la gente que cuestiona sus empleos o vida familiar, mi crisis era espiritual. Yo me pregunté que resultaría si le entregaba los siguientes cuarenta años de mi vida a Dios, pero luego pensé que eso era muy presuntuoso. Después de todo ¿quién decía que todavía me quedaban cuarenta años? Pero esa mañana, hasta mi parte cínica reconoció que sólo por la gracia de Dios yo había recibido el don de vivir ese día. Y entonces fue cuando comenzó el proceso de renovación divina en mi vida, una jornada diaria que me deja asombrado de lo que Dios está deseoso de hacer por mí desde que yo realmente le entregué mi vida a Él.

El Viernes Santo de ese mismo año de 1989, un milagro ocurrió en la iglesia de la Santísima Trinidad. Los ojos de Cristo se cerraron en un crucifijo suspendido en lo alto, cerca del cielo raso. Hubo gran conmoción en los medios de comunicación sobre este suceso y yo sentí que había algo de especial en el incidente que me obligaba a ir a verlo por mí mismo. Mi mujer, Nikki, no tenía ningún interés en acompañarme en el viaje, pero mis dos hijos, Ryan y Julie, fueron conmigo. Eso era un jueves y ellos estaban de vacaciones por ser semana de Pascua. Todavía recuerdo que después que estacioné el automóvil y caminamos hacia la iglesia, vi que un anciano se retiraba. Su expresión era beata, no sé de que otra manera describirla, y entonces supe con seguridad que algo extraordinario estaba ocurriendo allí.

Mis hijos nunca habían estado dentro de una iglesia católica, así que yo les expliqué cual era el altar, el tabernáculo, las diferentes estatuas y pinturas sagradas. Fuimos hacia el altar, nos arrodillamos y una sensación increíble me bañó de calor y consuelo, y sin pensar en lo que estaba haciendo, estiré mis brazos para atraer a mis hijos hacia mí y, entonces, al punto que la cresta de la ola emocional se elevaba, mis ojos comenzaron a llenarse de lágrimas. Fue algo asombroso.

Regresamos a nuestro banco y, después de unos minutos, comenzamos a caminar hacia la salida. En la puerta, yo le pregunté a Ryan, en esa época un niño precoz para sus seis años, si él estaba listo para partir. Me miró directamente a los ojos y me dijo: "Papá ¿estás *tú* listo para partir?" Mi hijo me entendió mejor de lo que yo me comprendía a mí mismo porque *yo no estaba listo*, así que pasamos más tiempo allí, el primer paso en mi sendero de regreso a Dios.

Los siguientes días los dediqué a la contemplación en privado, tratando de ubicar mis emociones dentro de esa marea de sentimientos que experimentaba. Terminé hablando con una amiga en quien confiaba absolutamente y a quien le conté lo que me había sucedido en la iglesia. Ella me sugirió que yo hablara con su peluquero, quien había visitado un pueblito de Yugoslavia. Ella pensó que él me podría ayudar.

Mi mujer estaba totalmente sorprendida cuando, después que yo visité a ese señor, comencé a considerar seriamente trasladarme a ese pueblito de nombre impronunciable en un país extranjero. Yo soy negro; casado en una iglesia bautista de cuyo grupo directivo soy miembro, además de ser compañero de golf del pastor. ¿Por qué iba a estar interesado en la iglesia católica respecto a un fenómeno que tenía que ver con la Santísima Madre? Mi éxito en el negocio de sepelios dependía de mis relaciones con la iglesia negra—¿qué estaba pensando yo? se preguntaba ella. Lo que yo pensaba era por cuánto más tiempo podía seguir yo prostituyéndome y concurriendo a una iglesia para obtener clientes.

Para mí era claro que necesitaba algo que llenara el vacío espiritual que yo sentía dentro de mí, pero ¿cómo? Comencé a rezar pidiendo claridad y consejo y lo recibí de uno de los clientes del peluquero, un señor que dirigía el Centro de Pittsburgh para la Paz. Él había planificado un viaje a Medjugorje para junio. Mi madre pensaba irse a la China en esa misma época y yo no sabía si ambos podíamos alejarnos del negocio al mismo tiempo, pero decidí de todos modos seguir adelante y hacer el viaje en junio.

"Puedes ir a donde quieras y hacer lo que necesites," me dijo Nikki cuando se lo anuncié, "lo que pienses que te va a ayudar a encaminar tu vida. Pero sea lo que sea que hagas, Toby, hazlo pronto porque yo no voy a andar por estos lugares por mucho más tiempo." Y con todo lo que me preocupó oír esto, sus sentimientos no me sorprendieron. Mi manera de actuar tan distante no había ayudado una situación matrimonial de por sí frágil que yo aún quería salvar.

Al día siguiente escribí un cheque para pagar el viaje y mientras lo hacía, me sobrecogió una maravillosa sensación de paz, el presentimiento que todo, finalmente, iba a andar bien. Fue como "no hace falta depósito, no hay devolución"—y escribir ese cheque fue el mayor depósito que yo nunca más haría en mi vida espiritual. Irónicamente, esa misma noche comenzaron los disturbios en la plaza Tiananmen y el viaje de mi madre a la China fue cancelado. Yo sentí que la Santísima Madre estaba facilitándome las cosas para que yo volviera a Dios.

El mismo día que yo debía partir, sin embargo, no pude encontrar mi pasaporte ni para salvarme la vida. Naturalmente yo estaba como un loco, haciendo pedazos la casa. Yo sabía que iba a perder mi vuelo y ¿entonces qué? Si yo no podía hacer este viaje no sabía realmente cómo iba a poder continuar mi vida—tanto era lo que yo había invertido emocionalmente en él. Me puse de rodillas y le recé a la Santísima Madre pidiéndole ayuda. Si ella se dignaba hacerme encontrar mi pasaporte, le recé, yo le prometía hacer cambios en mi vida de los cuales ella se iba a sentir orgullosa. No sé si habían pasado dos minutos cuando me fui a buscar el automóvil y allí, en el asiento delantero ¡estaba mi pasaporte! ¡Yo creo que desde entonces he cumplido mi promesa!

Yo era el único negro en un grupo de ciento una personas y no conocía a nadie. Pero en el aeropuerto me llamó la atención un hombre con una camiseta de golf y me le acerqué pensando que por lo menos podríamos conversar. Descubrí que él era un abogado y que también viajaba solo para tratar de encaminar su vida—¡y de que habíamos sido puestos en la misma habitación!

Esa primera tarde caminamos hacia la cumbre del Monte de las Apariciones; antes de partir, el líder de nuestro grupo había sugerido que recogiéramos algunas piedras para llevarnos de recuerdo del terreno sagrado. Yo cogí cuatro o cinco, las puse en una bolsita de cuero que tenía, y coloqué la bolsa bajo mi almohada antes de irme a dormir esa noche.

Al tercer día, me desperté como a las siete menos cuarto de la mañana viendo una imagen que sólo puedo describir como de una pantalla de televisión frente a mí. Había un sendero y, a la derecha, una gran roca; a la izquierda, una figura que llevaba puesto el hábito marrón de un monje con un cordón en la cintura, estaba agazapada. Luego esta figura empezó a caminar arrastrando los pies en dirección a la roca. Cuando yo me incliné con las manos juntas para rezar, me miró tres veces, y luego la parte central del sendero quedó al descubierto.

Yo vi unas pequeñas figuras de gente subiendo una escalera que salía del suelo y ascendía hasta el cielo. Estas figuritas seguían viniendo y viniendo. La figura que rezaba me seguía mirando y yo no entendía para nada el significado de todo esto. "Santísima Madre ¿qué estás tratando de decirme?" recé. Y entonces ella se me apareció brevemente en esta pantalla que tenía frente a mi visión, como para confirmarme que no era víctima de alucinaciones, y luego desapareció rápidamente.

Cuando mi compañero de cuarto se despertó le conté la visión que había tenido, lo que yo llamé MTV, o María en la TV. El tampoco tuvo la menor idea del significado. Después del almuerzo yo decidí subir al Monte Krizevek, donde está la enorme cruz de cemento, pensando que tal vez ése fuera el sendero que subía a la montaña que yo había visto y que encontraría allí la respuesta. Para cuando llegamos a la tercera estación del vía crucis, todos teníamos calor y sed, así que nos detuvimos para tomar un trago de agua y, en ese momento, una señora perdió pie y cayó golpeándose la cabeza contra una roca. No sabíamos si continuar o no, pero nos llamó la atención que esa estación representaba la caída de Cristo con su cruz camino al Calvario. Cuando la señora que se había caído oyó esto, decidió continuar y todos la seguimos.

De regreso al pie del monte, nos encontramos con que el guía del grupo nos estaba esperando. Él había ido a la iglesia en lugar de subir con nosotros. Estaba muy animado. "Nunca podrán adivinar lo que ha sucedido," nos dijo. "Estaba rezando en la iglesia y de pronto vi unas figuritas humanas con vestiduras doradas ¡que descendían del cielo por una escalera!" Yo le dije que había tenido la misma visión, excepto que en la mía toda la gente subía la escalera. "Este lugar es asombroso," dije en voz alta. "¡Qué lugar más asombroso estamos visitando!"

A la mañana siguiente, antes de levantarme de la cama, yo susurré: "Santísima Madre ¿qué programa tienes para mí hoy?" Se me apareció en un rincón de la habitación con un velo celeste y vestiduras azul más oscuro que parecían henchirse como agitadas por una brisa. Ella contestó mi pregunta en voz alta diciendo: "Reza." Y, pueden creerlo, eso es lo que prometí hacer durante todo el día. Entonces ella dió vuelta hacia la izquierda y se esfumó a través de la pared.

Yo creo que debo haber perdido seis o siete libras de peso durante mi estada en Medjugorje por el agua derramada en llanto—llanto para que saliera toda la basura que había en mi alma y quedara allí. ¡Nunca me sentí mejor en mi vida!

Cuando regresé a casa compré una biblia y, luego de hojearla brevemente, encontré un pasaje del Génesis (28:12) sobre el sueño de Jacobo de la escalera al cielo: "Una escalera estaba apoyada en la tierra cuyo extremo llegaba al cielo y los mensajeros de Dios subían y bajaban por ella."

¡Cuán cierto es que todo lo que necesitamos saber lo encontramos en las sagradas escrituras! "Busca y encontrarás; pide y te será concedido."

Leí más sobre cómo Jacobo había ido a un santuario sagrado y se había quedado dormido sobre una roca—y yo había puesto las piedras bajo mi almohada la noche anterior a mi visión. Jacobo había soñado con los mensajeros de Dios, exactamente la misma imagen que yo había tenido. Seguí leyendo cómo Jacobo había exclamado: "En verdad Señor ¡cuán asombroso es este santuario!" Allí estaba esa palabra, "asombroso," de nuevo, y a medida que continuaba leyendo me llenaba de emoción.

Volví a Medjugorje para agradecerle a la Santísima Madre todo lo que me había mostrado. Mi esposa accedió a que nuestro matrimonio fuera bendecido en la iglesia, para que yo pudiera recibir los sacramentos.

Para mí, la vida se ha convertido en un exquisito y renovado banquete de júbilo. He sido guiado a consagrarme a la Santísima Madre, a estudiar el rol de los ángeles, a aceptar el consejo del Espíritu Santo. Tratando de llenar el vacío espiritual que me llevó a Medjugorje, fui conducido a los galpones de Dios, donde lo único que uno debe hacer es tomar su carretilla espiritual y llenarla con tantas gracias como cada uno pueda llevar en un momento dado.

Nos pueden ser concedidos tantos dones— sabiduría, comprensión, consejo, piedad, conocimiento, fortaleza—y lo único que debemos hacer es pedírselos a María y apreciarlos y usarlos. Ella está allí para nosotros, todo el tiempo. Esa es la clave, entender la divina presencia. Nuestra Señora está usando este tiempo como si fuera un tiempo de gracia y de preparación para nuestro esclarecimiento. Cada cuenta del rosario es como una gota de aceite para nuestra lámpara. Cada vez que tocamos una cuenta en nuestros rezos, una gota de aceite cae en nuestra lámpara, y cuanto más aceite haya, más luz habrá para iluminar el sendero de quien está en la oscuridad. Yo entiendo que es así, ahora, de la misma forma que entiendo el verdadero significado de vivir con fe, extendiendo el amor que sentimos por Dios a los otros.

He aprendido a dejar de lado el orgullo y el egoísmo a cambio del amor y la caridad que la Santísima Madre nos ofrece. Esta es la claudicación sagrada que conlleva más de lo que uno pueda imaginar.

Y he aprendido que la paz viene de tener amor nuevamente en mi familia. La Santísima Madre está aquí con nosotros para compartir su mensaje de esperanza, amor y júbilo. Yo rezo para que pueda hacerlo por el resto de mi vida.

Que Dios los bendiga a todos y a cada uno.

TOBY GAINES
*Evans City, Pennsylvania*

## MÓNICA

EN LOS ÚLTIMOS doce años toda nuestra vida cambió dramáticamente. Mi marido, Stephan, es francés y trabajaba como músico profesional. Yo nací en Jamaica y, en el momento en que comenzaron los acontecimientos que voy a relatar, yo trabajaba como modelo. Estábamos viviendo en Europa, pasando la mayor parte del tiempo dentro de un círculo de amigos que no tenían nada de espiritual. Todo cambió luego de una visita a Egipto, y luego de esa primera vez, íbamos a regresar una y otra vez, a menudo viviendo allí por períodos de hasta seis meses.

Ya no trabajo como modelo. En lugar de ello escribo sobre iconos religiosos, investigando, registrando y documentando información. Stephan se ha convertido en un maestro del arte de la pintura de iconos coptos cristianos. Él es uno de los tres maestros que hay en el mundo hoy. Recibió instrucción del Dr. Isaac Fanous en el Cairo y recibió su doctorado en el Colegio Real de Arte de Londres. Se han realizado exhibiciones de sus trabajos en Londres y Jamaica, y pasó dos años adornando iglesias coptas en Los Angeles. Stephan ahora da conferencias en el Departamento de Artes Visuales y Tradicionales Islámicas de Londres, y yo pienso que él puede describir el viaje hacia la fe que hemos realizado.

## STEPHAN

En 1982, después que Mónica y yo habíamos estado casados durante unos cinco años y mientras vivíamos en Londres, nos inscribimos para un viaje por el Caribe, pues yo tenía que realizar una grabación en Nassau. Por alguna razón cambiamos de planes y, en su lugar, fuimos guiados hacia Egipto, o por lo menos eso es lo que creemos ahora.

Íbamos como si fuéramos de peregrinación espiritual. Yo particularmente quería que Mónica viera Zeitún, donde la Virgen María se apareció hace más o menos diez años. Mónica padece una enfermedad de la sangre, un tipo de anemia que es bastante devastadora cuando se produce un ataque. En Egipto se sentía bien y yo fui quien se enfermó mientras visitábamos un importante monasterio en medio de un desierto llamado Al Maharakh. La Sagrada Familia pasó allí seis meses y diez días. El altar es de piedra, un monolito que está donde vivió la familia, y es sobre esa misma piedra que el niño Jesús era vestido y cambiado. Fue un lugar muy especial, pero también fue dónde yo me enfermé de difteria y casi me muero.

Estaba tan enfermo que empecé a vomitar sangre y tuve que ser llevado de regreso al Cairo, donde me repuse lo suficiente como para poder viajar a Alejandría. Allí, sin embargo, enseguida caí de nuevo enfermo, así que volví al Cairo. Un amigo de allí insistió en que fuéramos a la iglesia, pero en las dos primeras donde nos detuvimos ya habían comenzado los oficios religiosos. La tercera estaba llena, pero por lo menos llegamos a tiempo para tomar la comunión. Yo me sentía tan enfermo que temía que fuera a vomitar allí mismo. Me senté, me palpitaba la cabeza y sentía como si hubiera una selva de gente a mi alrededor. Apenas me podía levantar porque hacía mucho tiempo que no comía y realmente se suponía que no podíamos tomar la comunión porque nosotros somos ortodoxos. Cuando llegó el momento de levantarnos y de ir a recibir el sacramento, yo fui literalmente llevado por la multitud de gente. En el instante en que recibí el santo sacramento, en ese microsegundo, yo me curé. Cuando dejamos la iglesia yo tenía buen equilibrio, podía caminar, me sentía bien—y estaba muerto de hambre. Compramos pan sagrado, el primer alimento sólido que yo iba a tomar en dos semanas. Desde entonces no he sufrido.

Mónica y yo estuvimos en Egipto durante un mes en ese primer viaje y, proféticamente, coincidió con el mes de ayuno de la Virgen. Al día siguiente de mi curación, yo conocí al Dr. Isaac Fanous, el hombre que se convirtió en mi maestro en el estudio de la iconografía. Habíamos admirado su trabajo en el Centro Copto del Cairo, sin saber quién era o de dónde venía. Irónicamente, el hombre con quien yo iba a estudiar durante diez años vivía a unas tres puertas de donde nosotros estábamos alojados. Ese viaje fue el comienzo de mi vida como artista sagrado y le agradezco a la Virgen porque creo que ella nos llamó a Egipto.

Como ha dicho Mónica, hemos vuelto a Egipto muchas veces en los siguientes diez años. Viajamos por todo el país visitando los monasterios y lugares en los cuales estuvo la Virgen durante su fuga a Egipto. Nuestras vidas cambiaron completamente.

Uno de mis iconos favoritos es mi creación de la Virgen del Signo. Según la profesía de Isaías, la Virgen concebirá y estará preñada de un niño y ese niño será Emanuel. El signo es que la Virgen estará preñada y yo he llegado a creer que ésa es la Virgen de esta era moderna. Esa imagen contemporánea de ella es la que yo creo expresa mejor lo que todos nosotros podemos sentir con ella. La Virgen nos lleva en su vientre, somos sus hijos.

Mónica y yo siempre nos sentimos llevados, protegidos por ella. Aún en las peores circunstancias, ella nos ayuda. Aunque a veces hemos tenido malas experiencias, como estar gravemente enfermos y sentirnos como que estamos al borde del abismo, la Virgen estuvo allí para evitar que nosotros nos cayéramos.

En 1989 mientras estábamos en Jamaica, leímos en los periódicos un artículo que decía que una señora aseguraba que la Virgen quería bendecir un cierto lugar de las Montañas Azules que, por casualidad, es el lugar donde nació Mónica. La Virgen quería que esa tierra le fuera dedicada y, a cambio, ella derramaría muchas gracias y curaciones a la gente de Jamaica.

En Jamaica, una costumbre muy popular es

recibir amigos a tomar el té en la tarde. Estas fiestas son muy elegantes y a menudo tienen un trasfondo político, cuando las esposas de los ministros son las anfitrionas. No es poco común que se invite a un experto en leer las hojas de té como entretenimiento. Una fiesta de este tipo estaba planeada para honrar a gente eminente de Jamaica que vivía en Miami, pero la experta en leer las hojas de té se enfermó, así que invitaron a otra señora. Esta segunda experta se decía había tenido tratos con Nancy Reagan y también había predicho la explosión del Challenger y el huracán Gilbert que destruyó la isla en 1988. Esta señora era la misma que los periódicos comentaban había tenido la visión de que la Virgen quería que se le dedicara ese lugar. La descripción de la experta fue muy detallada: ella veía la niebla que cubría la tierra, las flores blancas que crecían en todas partes. Había dos palmeras y una vertiente cuyas aguas la Virgen bendeciría para que la gente pudiera ir allí a curarse.

Muy poco después de esta reunión, un señor se puso en contacto con la lectora de hojas y le dijo que él estaba dispuesto a donar unos terrenos que él tenía en las Montañas Azules si se construía allí una capilla. Hubo mucha bulla al respecto porque la gente de Jamaica es preponderantemente protestante y rechazaba la idea de que existiera un santuario para la Virgen María.

Mónica y yo conocimos por casualidad a la hermana del señor dueño de los terrenos y nos fuimos a verlos la mañana del 31 de octubre. Se sentía que era un lugar sagrado desde el momento que uno ponía un pie allí. ¡Era algo que lo dejaba a uno sin aliento! El perfume ya de por sí nos indicó que la Virgen estaba allí. Las rosas se asocian tradicionalmente con ella, pero también los lirios blancos que abundan en las Montañas Azules. Mientras caminábamos, vimos la niebla que había descripto la lectora de hojas de té y vimos los lirios blancos florecidos en todas partes y las dos palmeras. El dueño de la tierra insistía en que había tres árboles en su propiedad, pero luego descubrió que el huracán Gilbert había destruído uno de ellos ¡así que la experta estaba en lo cierto hasta en eso! También había una vertiente, cosa que el dueño ignoraba. Todo brillaba con una energía asombrosamente femenina, la energía de la naturaleza madura.

El tema de la tierra y la Virgen se aquietó por un tiempito y no volvimos a saber nada hasta 1990, mientras viajábamos en avión camino de Londres a Jamaica, donde pasaríamos seis meses. Estábamos sentados al lado de dos señoras de Jamaica que hacían su viaje de regreso de Medjugorje y quienes estaban encantadas con las experiencias que habían tenido allí. Empezamos a hablar de la Virgen María y les preguntamos qué había acontecido con la Virgen de las Montañas Azules. Ellas nos dijeron que la familia de Jamaica que vivía en Miami había encargado una estatua de mármol blanco de la Virgen que fue esculpida en Italia para ser erigida en esos terrenos, pero que nunca llegó allí y en realidad nadie sabía por qué.

Según la lectora de hojas de té, la Virgen había

predicho cosas negativas para Jamaica si no se reconocía su presencia. La isla la rechazó cuando ella trató de atraer a la gente a una forma de vida más espiritual, y el resultado fue un marcado incremento en el crimen y la violencia, especialmente entre la gente joven. La isla también está siendo avasallada por la poda indiscriminada de árboles para ser vendidos.

Aún así, se dice que donde abunda el mal también anda por allí la gracia. A pesar de los problemas que ha tenido la isla, Mónica y yo nos sentimos muy cerca de ese país. Queremos radicarnos allí. Hasta hemos encontrado un lugar que verdaderamente amamos, una casa de campo, de piedra, del siglo dieciocho, que necesita ser totalmente restaurada, pero que sabemos es el lugar ideal para nosotros. Está en la parroquia de Santa María, en una zona llamada Highgate [Portales Altos], y la casa tiene también un nombre significativo: ¡Pozo de Esperanza! Así que allí están todos los símbolos de la Virgen —desde los portales altos de Zión hasta el pozo de esperanza también conocido como la fuente de vida. Ello nos indica que una vez más la Virgen nos ha conducido a casa.

STEPHAN Y MONICA RENE
*Londres, Inglaterra*

Cada vez que hablo de mis experiencias con Nuestra Señora, siento que es muy importante para mí comenzar por rendirles homenaje a mis padres quienes fueron personas extraordinarias. Ellos tuvieron diez hijos con la esperanza que Dios proveyera para todos. Cuando pienso ahora en los sacrificios diarios que tuvieron que hacer para criarnos, me asombro y sé que su fe tuvo gran influencia para que yo sea quien soy.

Así que mi relación con Dios estuvo en mí desde el comienzo, pero yo tomé conciencia por primera vez de cuán cerca me sentía de Él en el quinto grado. Luego, cuando fui a la universidad, me alejé de la fe y eso duró unos cinco años. Finalmente yo me di cuenta que algo muy importante me estaba faltando en la vida y me impuse nuevas metas que incluían, bien arriba en la lista, una vida de oración. Cuando yo era una adolescente, algunas veces tenía sueños que se hacían realidad, pero con la devoción que he añadido a mi vida de oración, ahora he comenzado a tener imágenes interiores o visiones.

La primera vez que vi a María y Jesús en una de esas imágenes fue en 1987 mientras rezaba. Mis ojos estaban cerrados pero yo los podía ver frente a mí. Estiré mis brazos hacia ellos para alabarlos, y entonces Jesús se ubicó a mi izquierda y María a mi derecha y me dieron las manos. Una corriente eléctrica de amor me recorrió todo el cuerpo. Fue una cosa increíble, y el saber que ellos estaban allí, para mí, fue abrumador. La más perfecta y completa comprensión de lo que es el amor.

Seguí rezando y estudiando las Sagradas Escrituras mientras trabajaba en un empleo y servía como voluntaria en la iglesia. Al poco tiempo me dieron la responsabilidad de ser Directora de la Juventud de una iglesia. En ese tiempo conocí a una persona llamada Teresa López, quien se decía estaba recibiendo visitas de María. Yo tuve oportunidad de presenciar varias de esas apariciones. Íbamos al Santuario de la Madre Cabrini a rezar. Otra señora llamada Verónica García y yo comenzamos a ver a María. Las tres, con el tiempo, también vimos a Jesús y a muchos otros santos y ángeles.

Jesús y María están constantemente revelándose y explicando las razones por las cuales ellos intervienen en nuestras vidas. Voy a compartir con ustedes algo de lo que he visto y oído.

Primero, María y Jesús sienten un gran amor por nosotros. Aunque hayamos cometido ofensas, quieren que vayamos hacia ellos para crecer y aprender sobre ellos y tener la experiencia del amor de Dios que fluye, a través de ellos, hacia nosotros.

María necesita nuestras plegarias. Una vez se me apareció de pie, iluminada en medio de un abismo de tinieblas. Estaba suspendida sobre un arbusto con enormes espinas negras. Las espinas tenían entre quince y veinte centímetros. Yo vi que el ruedo de su vestido estaba enredado en las espinas. Ella no se podía mover porque las espinas crecían y se acercaban cada vez más a sus pies. Dijo: "¡Canta, canta, canta!" Yo comencé a cantarle. A medida que fluía mi canto se fue formando un almohadón de aire entre el ruedo de su vestido y el arbusto. Quedó liberada de las espinas y comenzó a acercárseme. Me dijo: "El mundo me ofrece espinas, pero tú me abres un camino hacia el mundo con tus plegarias."

¿Por qué necesita María venir al mundo? ¿Por qué se le está apareciendo a tanta gente en tantos lugares? Yo le hice esas preguntas y no titubeó en darme respuestas. Me aclaró que el propósito de sus venidas al mundo es similar al que tuvo el arcángel San Gabriel hace dos mil años cuando vino a anunciarle que había sido elegida para ser la Madre de Dios. Su misión entonces era traer al Cristo a este mundo. En las Escrituras, María responde: "Que se haga la voluntad de Dios." Esta aceptación no era un simple "sí" sino un "sí" perpetuo. Hoy su obligación es la misma: traer a Jesús el Salvador del mundo. Tiene que traerlo para cada generación de la gente del Señor, así Jesús puede renacer en el corazón de su gente. Ahora, en este momento, María viene a traernos su Hijo. Aparece en tantos lugares porque es su obligación.

María explicó así la frecuencia de sus venidas. Me permitió ver un desierto. Luego vi caer una gota de lluvia en el desierto. La gota, al tomar contacto con la arena caliente, se evaporó. Entonces, la Virgen María dijo: "Si Dios quisiera que el desierto se llenara de flores, no enviaría una gota de lluvia." Ello me hizo comprender que María es como una gota de lluvia. Comenzó a aparecerse en Lourdes y Fátima, al igual que las primeras gotas de una llovizna que cae sobre el desierto cuando comienza la primavera. Desde entonces, el número de apariciones es como un diluvio. Este aumento de las comunicaciones señala que el mundo pasa por una crisis espiritual. La gente anda perdida en una sequía que sólo la espiritualidad puede calmar. Dios quiere que la gente florezca en su comprensión del Omnipotente. Por eso, permite que María, la Madre de su Hijo, y Jesús se nos revelen tan poderosa y frecuentemente. A través de sus apariciones y mensajes nos remojamos en una certidumbre de Dios que nos permite conocerlo mejor para así permitir que nuestra espiritualidad florezca en una vibrante relación con El.

Sus apariciones en varios lugares del mundo me han ayudado a entender que ella interviene en diferentes culturas de maneras específicas. Estas culturas a menudo están aisladas del mundo por falta de tecnologías modernas y de medios de comunicación. La gente no tiene acceso a los libros y a los instrumentos necesarios para su educación para encontrar a Dios. Y aún cuando estas áreas tengan acceso a esos medios, la gente no los usa porque no existe la tradición, porque los gobiernos se lo impiden, porque no son populares o por apatía. María viene a revivir el fervor y la fe. Las apariciones son a veces recibidas con escepticismo y no se permite que las revelaciones sean conocidas. Por ello, María simplemente se va a otro lugar y comienza a trabajar de nuevo.

Los matices, las costumbres, las tradiciones cambian mucho entre, digamos, Betania en Venezuela y

Denver en Colorado. Traten de imaginar que se envía un especialista en cáncer a curar personas desnutridas que viven en la pobreza. Podría ayudarlas sí, pero no sería tan bueno como un especialista en nutrición. Jesús mismo ha sido llamado el "Gran Médico," y Él sabe lo que es necesario hacer para que una región particular sea curada. Es por ello que Él permite que María se aparezca en forma de una indígena. María no quiere excluir o interferir, sino desea que sus visitas incluyan a todos. Viene de las maneras más comunes para que su presencia sea mejor comprendida, dé más consuelo y sea más efectiva dondequiera que vaya.

La Santísima Madre siempre está pensando en el bienestar de sus hijos. Interviene porque hemos perdido nuestra salud sicológica y emocional. En Norteamérica, donde todos vivimos vidas tan aisladas, el sentimiento de soledad se difunde como una plaga. No fue la intención de Dios que viviéramos aislados. Fuimos creados para vivir juntos en armonía y en paz. A través de sus apariciones y mensajes, María nos dice que Dios nos ama. Nos pide que vivamos en paz, especialmente en los mensajes que imparte en Medjugorje.

Antes de la Revolución Industrial, vivíamos vidas en comunidad y teníamos el apoyo de nuestras familias. Teníamos tías y tíos, abuelos—una comunidad que nos daba estabilidad—y un elenco sólido de maestros para guiarnos. Hoy, con frecuencia nos separamos de nuestros padres, abuelos y miembros de la familia para cumplir con las demandas de la vida moderna. La movilidad que nos exige el trabajo de cada día nos deja poco tiempo para compartir actividades con los demás. Con más y más frecuencia pasamos menos y menos tiempo con quienes podrían ser nuestros guías espirituales. Es la excepción, y no la regla, que tengamos contacto con nuestra familia inmediata y con nuestros vecinos.

Jesús y María están muy cerca y quieren que nos acerquemos a ellos y a nuestro prójimo. En un momento dado yo pude ver cómo era el interior de su casa. Era muy simple, con paredes lavadas con cal blanca y vigas de madera y persianas de color caoba. ¡Era encantadora! María estaba sentada a una mesa de madera pesada que tenía en el medio, como si fuera sobre un altar, un copón de oro y una patena. Jesús estaba de pie al lado de la entrada. Yo podía sentir el inmenso amor que se tienen y que sienten por la "familia humana." Están disponibles para todos sin importar su raza, color o credo. No les interesa cuánto dinero tiene cada uno, ni el tamaño de la casa en que vive cada cual, ni el tipo de automóvil que maneja esa persona. Nunca nos juzgan por los errores que hemos cometido o nuestra falta de comprensión de Dios. Tienen el deseo de ayudarnos a entender nuestras vidas, por qué suceden las cosas por ciertas razones, y cómo cada vida puede cambiar algo en lo que respecta a Dios y al prójimo.

Otra lección aprendida de María tiene que ver con la inspiración como un medio de comunicación. Yo estaba hablando con un padre sobre las visitas que he recibido y los mensajes de María y Jesús, y él me interrumpió para decirme que él nunca había visto u oído a María, pero que, aún así, él muchas veces se sentía inspirado. Más tarde, esa noche, la Santísima Madre me pidió que volviera y le dijera al padre: "Yo prefería usar la inspiración como un medio de comunicación porque ello te permite a tí ejercitar tu fe a su máxima capacidad y me permite a mí mantenerme completamente humilde." Este mensaje me ayudó a recordar que un acto de fe fortalece nuestra relación con Dios. A la mañana siguiente, después de misa, le dije al padre lo que me había dicho María. Estoy segura que María quiere que todos sepan lo que ella dijo.

María y Jesús se revelan constantemente de muchas formas. Tenemos la Biblia, el Papa, los padres, los miembros devotos de nuestras familias, los amigos, los libros, la radio, la televisión y muchos otros medios de comunicación, pero como muchas veces no recibimos la información que necesitamos para entender a Dios y a nuestra fe, María y Jesús tienen que intervenir.

Dios nos ama mucho. Quiere que prosperemos. Dios tiene una gran necesidad de que nos unamos contra las atrocidades del mal. Pueden ayudarlo a través de sus plegarias y las obras de caridad hacia el prójimo. Yo voy a seguir rezando por todos ustedes y todas sus necesidades, y los aliento a que hagan lo mismo por ustedes y los demás.

Por favor ¡dediquen tiempo a la oración! La oración es un abrazo. Es el momento en que ustedes llegan a Dios y hablan con Él. Durante la oración Dios los ayudará a comprenderlo y comprender su amor incondicional. Pase lo que pase, pueden estar seguros que Dios los ama.

SYLVIA L. GROEGER
*Littleton, Colorado*

# NOTA FINAL

*Digo que estamos rodeados*
*Por velos y velos de compasión*
*Como envueltos en aire: viene de*
*María, ése su nombre es.*
*Cual salvaje telaraña, túnica estupenda,*
*Recubre el mundo culpable,*
*Pues Dios deja que ella dispense*
*En sus rezos su providencia:*
*No, mucho más que quien da limosna,*
*Ella es el alma de la dulce limosna*
*Y los hombres están destinados*
*A compartir su vida*
*Como la vida comparte el aire.*

GERARD MANLEY HOPKINS

MIENTRAS ESCRIBÍA *Dones de gracia* me llegó la historia de una señora que estaba pasando sus vacaciones en Europa. Ella era una reconocida escritora y conferencista, quien decidió pasar una tarde sentada tranquilamente en una de las magníficas catedrales de Italia. En medio de sus oraciones y meditaciones, ella levantó su cabeza y, como no era católica, se sorprendió mucho de ver una aparición de María. Miró a la izquierda y a la derecha y detrás suyo para ver si alguien más se daba cuenta de lo que estaba sucediendo. Recién cuando vió una monja detrás suyo, ella pensó que entendía y volvió a fijar su atención en María diciéndole: "Yo pienso que usted se ha equivocado de persona. ¡Creo que es a ella a quien debe mirar!"

Yo adoro esa historia y pienso que esos sentimientos podrían ser compartidos por muchos. Nadie realmente sabe porqué María se les aparece, pero ella hace sus apariciones aunque no exista un hilo discernible que una a quienes ella elige visitar. No existe un denominador común entre nosotros, pero una vez que María nos ha concedido su gracia, compartimos el hecho indiscutible que nuestras vidas han sido alteradas por su presencia.

Las historias incluidas en *Dones de Gracia* son y han sido relatadas por gente ordinaria de todas las religiones, que han sido bendecidos por su presencia divina. ¿Qué es, entonces, lo que nosotros conside-ramos divino? Para los católicos y los no católicos por igual, es el poder del amor por sobre todas las cosas. María conoce el amor de Dios y ella trae ese amor a la humanidad. Ella ablanda nuestros corazones permitiéndonos ver el mundo de manera diferente. Ella nos inspira a extender al prójimo el amor que sentimos por ella, a compartir nuestra alegría.

María es la encarnación de lo que a nuestra sociedad le ha faltado o le ha sido negado durante mucho tiempo, es decir, una fuerza femenina y noble, llena de gracia y compasión.

A medida que nos aproximamos al tercer milenio; mientras vemos países destruyéndose a raíz de guerras civiles; cuando oímos sin pausa que los hombres son inhumanos con el prójimo, debemos preguntarnos a nosotros mismos si es posible que se produzca un cambio. Estamos dominados por el miedo—a la enfermedad y la pobreza, a la violencia y, lo que es aún peor, a la indiferencia. ¿Puede el mundo ser salvado de este miedo? *Sí.*

María está aquí para lograrlo.

Ella está aquí para despertar a nuestros corazones dormidos, para abrirnos los ojos. No estamos moralmente muertos sino aletargados; no estamos ciegos al dolor y la desgracia de los otros, sino que tenemos miedo de verlos. Ella está aquí para fortalecernos, dándonos el don de sus gracias, prometiéndonos la visión de—y el camino a—un mundo donde haya amor.

María sabe lo que se puede lograr de la humanidad, pero quiere comenzar por una persona a la vez. Espero que este libro los convenza de ello.

Alguna gente ya ha sido tocada por ella. Otros serán llamados. Pero lo que María quiere que recordemos es que no tenemos que esperar hasta que ella venga a nosotros. Podemos acercarnos a ella diariamente — con nuestros rezos, meditación y devoción. Podemos prenderle velas, dedicarle parte de nuestro tiempo y aprender a hablar con ella como si ella estuviera de verdad presente y nos escuchara.

Yo sé que nos está esperando y que ella es la única persona que nunca nos rechazará. Sus brazos están siempre abiertos, extendidos para recibirnos.

Ella tiene una respuesta para cada problema o dificultad que podamos padecer; un bálsamo para cada herida.

María tiene una promesa a cumplir y esa promesa es llevarnos de regreso a Dios. Como ella le dijo a uno de los videntes de Medjugorje: "He venido para decirle al mundo que Dios existe. Él es la plenitud de la vida y para disfrutar de esa plenitud y conseguir la paz, vosotros debéis regresar a Dios."

Durante más de doscientos años la Virgen María nos ha concedido sus gracias. Ella está aquí para todos nosotros. Y no nos abandonará hasta que estemos, una vez más, unidos en la paz y el amor de Dios.

# AGRADECIMIENTOS

*E*STAS SON LAS PERSONAS que me han ayudado y dado aliento. Quisiera especialmente agradecerles a:

Al Lowman y B.G. Dilworth, por ser los agentes literarios que yo había pedido en mis rezos.

Diane Reverand y Trena Keating por su amable apoyo.

Susanne Jaffe, cuyas palabras le dieron a este libro el sentimiento que se merece.

Karen Goldman, porque me presentó al Grupo de Autores y Artistas.

Bawa Jain, porque me ayudó a recordar nuestro tiempo con María.

David Cerf, por todos esos años y por su contínua amistad.

Christine Barber, porque nos divertimos juntas, porque me vió crecer.

Sandi Bailey, por estar a mi lado;

Chip Fichtner, por todas las cosas que me enseñó que ni él sabe.

Paxton y Anne Robey, porque se negaron a creer en mi drama.

Cynthia Stibolt, por su fe, su convicción y confianza.

Kristi Pamperin, mi omnipotente oráculo de conocimiento.

Sandy Ingerman, porque me ayudó a encontrar mi alma.

Robert Zimmer, porque me dió mi primera oportunidad de ser una escritora profesional.

Don Meehan, porque desinteresadamente me presentó muchas personas.

Larry y Barbie Dossye, por su bondad y generosidad.

Shaun Jensen, mi talentoso hermano, mi amigo.

Kenny Jensen, por su fortaleza independiente.

Mis padres, Erling y Lillian, quienes me trajeron hasta aquí.

Más que nada, quisiera agradecerle a cada uno de quienes compartieron sus historias conmigo
y a María por habernos juntado.